孩子是父母一生的功课

白瑞 ◎ 著

北京联合出版公司
Beijing United Publishing Co.,Ltd.

图书在版编目（ＣＩＰ）数据

孩子是父母一生的功课 / 白瑞著. -- 北京：北京
联合出版公司，2022.1

ISBN 978-7-5596-5638-4

Ⅰ.①孩… Ⅱ.①白… Ⅲ.①家庭教育 Ⅳ.①G78

中国版本图书馆CIP数据核字(2021)第212303号

孩子是父母一生的功课

著　　者：白　瑞
出 品 人：赵红仕
责任编辑：李　伟
特约编辑：尧俊芳
封面设计：WONDERLAND Book design
　　　　　仙境 QQ:344581934
装帧设计：季　群　涂依一

北京联合出版公司出版
（北京市西城区德外大街83号楼9层　100088）
北京联合天畅文化传播公司发行
北京中科印刷有限公司印刷　新华书店经销
字数180千字　640毫米×960毫米　1/16　16.25印张
2022年1月第1版　2022年1月第1次印刷
ISBN 978-7-5596-5638-4
定价：42.00元

自 序

家庭教育的本质是
父母的自我修行

二十年前，我开始从事家庭教育工作。这期间，我接触了大量案例，我发现，中国父母教育好孩子的心情都很强烈和迫切，几乎是世界上最有责任心的父母。但可惜的是，他们中的大部分却不知如何教育。许多父母在教育孩子上陷入了迷茫和焦虑：一方面非常渴望把孩子教育好，另一方面却不知道该如何教育。怎么解决这个矛盾呢？答案只能是"学习"。但令人无奈的是，父母们发现无处可以学习，找不到专业的学习渠道。在上海这样的大城市，有各种各样的培训班，却唯独没有"父母培训班"。

这个教育空白不仅引起了家庭教育从业者和父母的重视，

也引起了教育部的重视，教育部把家庭教育纳入国家基本公共服务体系，并积极推进这个计划：举办了大大小小、线上线下各种形式的家庭课堂，逐渐形成了政府、家庭、学校、社会联动的家庭教育工作体系。

我一直也在为此努力着。我从事了 20 多年的家庭教育工作，线下咨询了 1000 多个孩子。一年前，我开设了抖音号（抖音账号 baidajie777，是白大姐呀），每天四小时直播，接到了 2000 个家长的咨询，直播间每天有两三万人进出，这期间我更加直观地感受到父母想把孩子教育好的渴望，现在我把我这些年的实践经验浓缩成了这本书。作为一名有着丰富个案经验的家庭教育工作者，我不想在这本书里说什么空洞的理论，也不想重复千篇一律的说辞，我只想说说我在大量实践案例中的体会，对父母们的困惑进行思考和总结，并希望我的经验能带给父母们一些指导。在这本书里，你可以通过不同年龄、不同性别的孩子的特点，重新认识自己的孩子；也可以通过我分享的阅读方法，去训练孩子如何阅读；更可以通过我讲解的陪孩子学习、面对沉迷于游戏的孩子的具体方法，来重新培养孩子的学习和生活习惯。

曾经有朋友问我，为什么要做家长培训这件事？来找我咨询的一位父亲，他的反馈很好地回答了这个问题："白老师，谢谢您，您的话就像明灯，照亮了我和孩子妈妈，让我们发现了家庭教育的重要性，让我们找到了教育的奥秘……"听到这样的话，真的是我最幸福的时刻，也是我坚持做这件事的理由——用我的所学、所思启发父母重新思考对待孩子的方式，进而促进父母和孩子成长，改善亲子关系，让家庭走向幸福。我觉得这件事对我的人生来说具有难以衡量的价值和意义！

　　我经常跟家长们说，人是这个世界上最复杂的生物，而教育人则是一门艺术。要精通这门艺术，掌握这其中的奥妙，需要父母不断地学习。因为父母在教育上犯的错误，也许需要孩子用一生的痛苦来承担。我想，没有父母愿意看着孩子为父母的错误买单！所以，在教育中，需要学习、成长的不仅仅是孩子，更是父母。我希望能通过这本书，帮助你和孩子一起成长，一起走向幸福。在改变的过程中，你会发现孩子是来"渡"我们的，他们给了我们一个重新认识自我、完善自我的机会，所以我们要感谢孩子们，并且隆重地向他们致敬。

　　最后，感谢孩子赐予我们一场痛苦又甜蜜的自我修行！

目　录

第一部分　了解孩子，才能成为更好的父母

男孩的秘密，你到底懂多少？　002

女孩成长密码：她活在关系里　008

性格不分好坏，内向是特点，不是缺点　014

少年，人的第二次诞生　022

第二部分　孩子的那些"小毛病"

恭喜你，有一个喜欢犟嘴的孩子　030

孩子爱说谎，99%是父母逼出来的　036

孩子爱发脾气，是不是天生的？　043

孩子沉迷游戏，父母该怎么管？　048

孩子磨蹭，怎么破？　053

第三部分　如何培养孩子的社交力

孩子合不合群，与父母的社交力有关　060

爱出风头，是好事还是坏事？　065

孩子在外面挨了欺负，父母怎么处理？　070

孩子的社会化程度取决于父母的社会化程度　074

第四部分　让孩子受益终生的能力

如何让孩子充满自信？　080

孩子的注意力已经不集中了，还能改吗？　086

是否拥有创造力将决定孩子未来的潜力　091

自律的孩子多是自由的　098

提升孩子的共情能力　104

训练思维能力，试试让孩子创作童话　109

阅读力是孩子强有力的学习竞争力　114

劳动是一种巨大的教育力量　128

财商不仅是学金钱观　134

公共演讲能力　138

职业教育及职业规划能力的培养　141

如何培养孩子的情商？　144

第五部分　上学那些事儿

小学四年级：学习的关键期　150

如何陪孩子写作业？　154

每个厌学的孩子都应该被看见　162

功课一错再错，用这个方法一招取胜　167

择校择什么？　171

如何完成幼小衔接？　175

什么样的孩子适合出国？　181

巧用社会教育资源　185

第六部分　父母常犯的教育错误

"红脸白脸"的教育方法最伤娃　190

你控制过孩子吗？　196

物质奖励要谨慎　201

艺术教育不是艺术技巧教育　205

起跑线上的恐慌　209

如何给孩子定规矩？　213

你是否错误地爱着孩子？　218

父母唠叨的危害是你想不到的　222

隔代养育中父母不能缺位　226

别让老师的焦虑传给你　230

挫折教育可不是越多越好　234

第七部分　如何有效跟孩子沟通

父母会倾听，孩子更幸福　238

倾听孩子需要耐心　242

磨破嘴皮，不如动笔交流　245

第一部分

了解孩子，才能成为更好的父母

男孩的秘密，你到底懂多少？

有一个朋友向我哭诉："我儿子为什么上课总是不认真听讲？屁股只要坐到椅子上就扭来扭去的，我在家说他一句，他砰的一声就把门关上了。特别冲动爱发脾气，也不好沟通。这也不知道随谁，我跟他爸爸也不这样啊？！"

类似的情景，相信不少父母都遇到过，尤其是男孩的妈妈。经常是孩子在学校调皮捣乱，老师打电话找家长，本来就在单位郁闷的你，立刻怒火中烧，回到家忍不住劈头盖脸把儿子训一顿。但狂风暴雨后，孩子并没有什么改变——该怎么样，还怎么样！

为什么这样的教育没效果呢？因为我们没有掌握养育男孩的方法。男孩们之所以"坐不住、无法专注、安静不下来"，是因为与生俱来的三种生理特质——

第一种：多巴胺含量较多。多巴胺是一种神经传导物质，和人的情绪、感觉有关，负责传递兴奋和开心，容易让人激动。男孩血液中的多巴胺含量较多，这使他们更加容易兴奋、开心、激动、冲动和冒险，表现在行为上则是"坐不住、无法专注、安静不下来"，从而影响了他们的学习状态。这就是我们看到的"男孩上课总是不认真听讲，屁股老爱在凳子上扭来扭去"。

第二种：胼胝体较小。人的左右半脑之间有一种叫胼胝体的东西，它的大小决定着人能同时处理多少事情，体积越大，同时处理的事情越多。男孩的胼胝体体积较小，无法同时处理更多信息，也没办法同时高质量地完成多项任务，他们更擅长同一时间做一件事。你可能遇到过这种情形：男孩正在玩或者正在做作业，这时你去叫他，他就好像没听见一样。这个时候你别生气，不是孩子故意不理你，是他真的"听不见"。

第三种：神经连接不够强大。男孩对声音不够敏感的原因除了胼胝体体积较小之外，还跟神经连接不够强大有关。女孩颞叶中的神经连接比男孩强大，能够存储更多复杂的感知记忆，拥有更好的听力，所以女孩对声音的语调特别敏感。相比之下，男孩的耳朵对声音，特别是以语言形式出现的声音就不太敏感。在学习中，同样听课学习，男孩没有女孩接收信息快，就是这个原因。

在这三个方面，男孩都不占优势，所以教育起来好像更费劲儿，效果也不那么令人满意。那么在这种情况下，该如何教育男孩呢？我有以下三个建议：

1. 少唠叨说教，多鼓励创造。养育男孩，父母的话别太多。因为男孩对语言不敏感，他们不太在意别人的声音，不管是谁，说了多少话，对他们的作用都不大。尤其是用语言给他们定规矩，你会发现效果微乎其微。而且，在管教过严的家庭环境中长大，他们会像笼子里的小鸟，懦弱、没有主见、遇事慌张，甚至失去创造力和想象力，只知道被动地生活。

我曾经接触过一个男孩，他的父亲很强势，对他诸多约束，男孩很听话，按部就班地上大学、工作、娶妻生子，看似一切都很顺利。但在他30岁的时候，单位突然裁员，他失业了，后来五六年都没有找到工作，妻子看他也不上进，跟他离婚了。现在40多岁了，这个"大男孩"依然靠父母接济生活。这个在父亲的唠叨和说教中成长起来的男人，已经完全失去了拼搏的勇气和创造的能力。

所以，教育男孩话不要那么多，不要过度管教，而是在保障安全的前提下，给他们更多的自由，鼓励他们打破常规，去发现、去创造。男孩体内的男性激素——睾丸素，决定了他们天生就具备"冒险情结"，我们应该为他们天性中的冒险因子欢呼，并利用这个特质鼓励他们多动手、动脑，多体验、尝试。男孩人生中的很多经验是自己探索出来的，而不是靠别人说教出来的。

2.鼓励多参与群体生活。鼓励男孩走进大自然和群体，增强对群体的适应能力，在集体生活中学会社交、爱和生活，最终找到自己的伴侣和归属感。如果男孩想与小朋友一起去游乐场，父母应该尊重他，但记得提醒他必要的安全。对男孩更适宜采取这种"远距离操作"的养育方式，鼓励他们走出家门，摆脱温室生活，成长为男子汉。

3.为男孩选择一个学习榜样。引导者在男孩的生活中发挥着重要的作用，一位值得学习的榜样能引领男孩从幼稚走向成熟。特别是14岁以后，他们的视野扩大，而父母的权威性会逐渐降低，不再在他们的生活中占据主导地位，这时的男孩需要一个新的"权威"引领他们走向成熟。此时，父母可以为男孩选择一个优秀的引导者。

去哪里寻找这样的人呢？他可以是孩子在生活中、书本中、影视作品中接触到的任何值得他学习的人，也可以是父母的朋友。

儿子九岁时，我在自己的生活圈子里为他寻找到一位能够引领他的人。他是一位复旦大学的研究生，热爱阅读，博学多才，我介绍了他们认识。儿子很崇拜他，后来跟着这位哥哥拓展了很多兴趣。为了让孩子更好接纳，在寻找家庭以外的引领者时，年龄差距尽量不要太大，以免缺乏共同语言。

当然，男孩最好的引领者是他的父亲。父亲是儿子最近的榜样，男孩首先会模仿父亲的一言一行。而父亲对儿子的陪伴和教育，男孩对父亲的崇拜和学习，会使父子关系更加亲密，让男孩成长得更好。所以父亲千万不要错过这个机会，努力提升自我，做好表率，成为儿子值得学习的榜样，最起码做好力所能及的事情。不过在中国的家庭里，很多父亲经常缺席孩子的成长，这是需要改变的现状。

男孩多巴胺含量较多、胼胝体较小、神经连接不够强大这三种生理特质，导致男孩先天就具备一些弱点，但也因此拥有了独特的优势：爱运动、爱创造、喜欢冒险，动手能力强、触觉体验丰富。所以男孩的父母要因势利导，科学引导：少唠叨说教，多鼓励创造；让男孩多参与集体生活；为男孩选择一个学习榜样，尤其是父亲要尽量成为男孩的引路人。

　　了解了这些，或许你不会再发出"他怎么总是不听话""为什么我的教育总是没效果"这样的疑问了。

划重点

男孩的三种生理特质：

　　· 多巴胺含量较多，容易冲动兴奋，安静不下来。

　　· 胼胝体较小，同一时间只能做一件事。

　　· 神经连接不够强大，对声音没那么敏感。

养育男孩的三个建议：

　　· 少唠叨说教，多鼓励创造。

　　· 鼓励多参与群体生活。

　　· 为男孩选择一个学习榜样。

女孩的成长密码：她活在关系里

有一首歌叫作《女孩的心思你别猜》，歌里写道："女孩的心思你别猜，你猜来猜去也猜不明白。"其实，女孩的心思不仅男孩难猜透，就连女孩的妈妈也不见得能猜透。经常听到有父母吐槽女儿："她为什么这么敏感，哭起来没完没了？为什么莫名其妙地闷闷不乐？为什么不敢在自己的房间里睡觉？为什么有时候刻意讨好我们、讨好老师、讨好同学？"

和男孩相比，女孩子生性敏感，胆小爱哭，有时爱耍小脾气，这阴晴不定的表现，成了困扰父母的难题。那么，该如何培养女孩呢？其实只要掌握了女孩的特质，父母就能在培养女儿的时候胸有成竹了。

女孩的三大特质：

1. 女孩生活在"关系"里，用"关系"衡量周围的一切。女孩们非常重视关系，对关系异常敏感。这种特质使她们天生就具备很多优点，比如善解人意、体谅他人、容易与他人亲近等等。但也正因为如此，有时她们对关系会过于在意，为了维护关系，她们会隐藏自己的观点，压抑自己的欲望，牺牲自己的利益。简单地说就是，为了不破坏自己与他人之间的关系，她们不会说"不"。

2. 女孩很容易受妈妈的影响，很容易成为妈妈的影子。相比较父亲来说，母亲更善于表达自己的情感，她们的情绪、态度、处事方式、审美情趣等，都在潜移默化地影响着女儿。如果母亲对自己的生活满意度高，女儿就更容易养成乐观、开朗的个性，与他人建立积极关系；如果母亲勇敢、坚强，女儿也容易成长为一个积极进取、不惧苦难的人。

3. 女孩一般把父亲当作心中的权威和正确标准。父亲一般不善于表达自己的情感，相较于母亲的柔软，父亲显得较为强硬。他们虽然话不多，但说的每一句话在女儿的心目中都很有权威。正所谓"父亲一言，驷马难追"，"父亲一语，重于泰山"。所以，父亲对女儿的评价，会内化为女孩对自己的评价，认可还是否认自己决定着她是自信还是自卑。因此父亲对女儿的鼓励，其意义也要远远大于母亲，而父女关系是否和谐，也决定着女儿幸福感的强弱。换句话说就是，父亲对女儿的态度，影响着女儿自身的心理素质。因此，女孩需要父亲更多的肯定和关爱。

重视关系、紧紧跟随母亲的脚步、迫切需要父亲的关爱和认可，基于女孩的这三种特质，建议培养女孩记住三个秘诀。

第一个秘诀：教女孩学会爱自己。什么是爱自己呢？

一位单亲母亲跟我讲述了她与女儿的经历。她离婚后，女儿一直与爸爸生活。两年之后，她发现才6岁的女儿好像变成了另外一个人。女儿少了一份天真活泼，反而在讲到爸爸的工作、爸爸与新女朋友之间的矛盾，以及家庭在经济上遇到的困难时，表现出了成年人才有的理解。妈妈感到很吃惊，她才6岁，却好像已经是爸爸的小助理，能够为爸爸分担忧愁了。但是妈妈并没有为此感到高兴，反而陷入了深深的自责和担忧：女儿这么小就已经学会了凡事替大人考虑，却忘了好好爱自己。

虽然大多数女孩天生就注重关系，有些很早就学会了关心他人，为他人付出，但如果父母不帮助她们分清责任和界限，她们很可能会过早地承受成人的压力，进而过早地成熟。所以，父母有责任让女孩从小就明白，这个年龄的她们可以享受别人的关爱，在爱别人的同时，也要好好爱自己。而爱自己的表现则是，想要什么就说出来，不想要什么就拒绝。别委屈自己，不牺牲不压抑。女孩，要在自己的年纪里自然生长，而不是过早地进入成人的世界。

第二个秘诀：在培养女孩的过程中融入培养男孩的元素。

教育专家曾对某小学一个班的女生进行了长达18年的跟踪调查，结果显示：其中有4名女孩一直都很坚强，有很强的进取心，成年后她们在职业选择上更为果断和明确，分别成了律师、建筑设计师、政府要员和商界精英，而其他女孩则随大流，对职业规划更为佛系。这是为什么呢？专家们了解到，这4名女孩的父母让她们从小就玩一些男孩喜欢玩的玩具、游戏和运动。女孩玩男孩的玩具与未来的职业选择有什么关系呢？这其实是有科学依据的。男孩游戏的竞争性让女孩们明白，美丽的公主更多是童话，而现实中，自己要成为女王——提升自己的能力，赢得成功，坚强勇敢，才能真正赢得他人的喜爱和尊重。

当然，这种教育方式需要父亲的配合和更多时间的陪伴。需要提醒的是，在培养女孩的过程中融入培养男孩的元素，并不是说要把女孩当成男孩来养，也不是让女孩变成"假小子"，而是用男孩的优点来中和女孩的弱势，让女孩不仅具备女孩的细腻和体贴，也可以具备男孩的勇敢和坚强，从而更容易成就健全的人格。这才是这种培养方式的核心。

第三个秘诀：鼓励女儿处理好与闺密的友情。在各种情感教育中，"女孩之间的友情课"可能是最容易被家长忽略的，但一旦这种友情出现问题，往往又是最棘手的。

我听过一个真实的故事，两位女生 A 和 B 考进同一所国际高中，并成为形影不离的好朋友、好闺密。但有一次，B 女孩在社交媒体上指出 A 女孩的衣服是假名牌，A 女孩一怒之下，就在社交媒体上曝光了 B 女孩议论他人的内容。一时间，B 女孩被千夫所指，精神崩溃，不得不退学回国。听到这个故事，我们的第一反应可能是："至于吗？这也太戏剧化了！"但是，这却是生活中真实发生的事情，而且生活中类似的事情也不少。如果不想让自己的女儿在友情中受到伤害，就要嘱咐她：交友有风险，交心要慎重，要学会经营自己的友情。因为互相滋养的友情，一旦遭遇青春期的突发式撕裂，伤害的程度不堪设想。

那么，女孩应该怎样更好地处理与闺密之间的友情呢？首先，要锻炼自己客观分析问题的能力和控制情绪的能力。其次，把闺密的情绪和行为当作一面镜子，来审视自己是一个什么样的人。那么即便有冲突和矛盾发生，也是一个自我探索的过程。

如何选择朋友，说到底是孩子的自由，但如何识别情绪、反思自己、处理关系，却是每一位父母都应该教给女儿的成长必修课。

划重点

女孩的三大特质：

· 女孩生活在"关系"里，用"关系"来衡量周围的一切。

· 女孩很容易受妈妈的影响。

· 女孩把父亲当作心中的权威和正确标准。

培养女孩的三个秘诀：

· 教女孩学会爱自己。

· 在培养女孩的过程中融入培养男孩的元素。

· 鼓励女儿处理好与闺密的友情。

性格不分好坏，内向是特点，不是缺点

　　孩子的性格很容易被贴上两种标签：外向和内向。在大多数人的认知里，外向的孩子性格活泼、思维活跃、交友广泛；而内向则意味着沉默、害羞、孤僻、不合群。内向似乎就是一种缺点，但真的是这样吗？

　　当然不是！所谓内向和外向，是指一个人回应外界刺激的方式不同而已。外向的人喜欢从大量的外界刺激中获取能量，而内向者却觉得在安静舒缓的环境中更有活力。

　　把孩子的内向性格等同于不合群、害羞、自卑甚至不快乐，这是一种偏见，也是极不科学的说法。偏见产生的原因在于：在社会舞台中，外向的人似乎更"吃得开"，能获得更多机会。很多学校的活动也都是为外向孩子设计的。在孩子们的小组任务中，那些喜欢独处或是一个人完成任务的孩子，常常被当成局外人或是麻烦。

很多家长也不太能理解和接受自己内向的孩子，认为内向的性格阻碍了他们的发展，是不好的。但是，研究人格养成的专家都知道一个最简单也最复杂的原理：性格是不分好坏的。

我有一位姓刘的同学，她可能是我见过的最内向的人。高中三年，我没有听到刘同学主动讲过一句话，老师提问她，她回答问题的声音也是很小，而且每次说话，脸都红到了耳朵根！平时，她很少去主动联系别人。前几年，我们中学毕业25年聚会，我见到了她。我得知刘同学当年高考考进了中医药大学，现在在一家制药企业搞新药研发，后来和一位同行结婚了。丈夫是医学院的教师，俩人生了一个女儿。那次加上微信后，虽然我们沟通的不多，但我经常看到她朋友圈晒出一家三口出游的照片，她有自己的知心好友，常常聚会逛街、听音乐会、看话剧……都说朋友圈能反映一个人的生活，可以看出，她的工作充实，家庭幸福，生活丰富有趣。虽然她还是一如既往地内向，可内向的性格并没有给她的生活带来任何不利的影响。

所以，孩子性格内向不是缺点，而是特点。世界上约有1/3～1/2的人是内向性格，其中不乏历史上的杰出人物，比如：发现万有引力定律的牛顿、提出相对论的爱因斯坦、著名作曲家肖邦、写出《哈利·波特》系列的 J.K. 罗琳，还有诺贝尔、居里夫人等。

内向和外向只是一种人格特点，如果父母能够顺应他们这种人格特点，帮助他们发展，内向的孩子也能发挥出自己巨大的潜能。

在此之前，我们需要了解孩子内向的原因是什么。

1. 由遗传因素引起。父母当中或者隔代亲属当中有人是偏内向的性格。

2. 孩子的模仿能力很强，如果家长的性格内向，也会对孩子造成一定的影响。

3. 独生子女缺少同龄玩伴，性格也有可能内向发展。

4. 孩子在成长过程中，心灵受到某些伤害而没有及时疏导，造成心理阴影，性格变得内向。甚至是在母亲怀孕期间受过惊吓，也会导致安全感偏弱，性格变得偏内向。

内向的孩子在思维和情绪上有显著的特点：

1. 内向型孩子的脑神经回路通常比较长。他们的大脑在处理信息时，会认真听取自己内在的思想和情感。所以，内向的孩子没有立刻向一位阿姨打招呼，是因为他的心里正在思考：我认识这位阿姨吗？这位阿姨和妈妈是什么关系？我为什么要和这个阿姨打招呼？或是正在关注自己内心的感受：我喜不喜欢这位阿姨？我不认识这位阿姨，却要很亲切地向她打招呼，这感觉好奇怪。相比较外向型孩子不假思索地听从大人的指示"打招呼"，内向型的孩子更容易坚定自己内心的想法，也比较不容易形成"讨好型人格"。

2. 内向型孩子的大脑是节能型大脑，他们可以通过读书、深度思考、探索内心世界获得满足感和能量。由此推断，内向性格在创作、艺术、科研等领域有着明显的优势。

3. 内向型孩子善于观察周围的一切事物，并注意到环境中所有引发他们感觉的细节。内向的孩子爱倾听。一个很有趣的研究表明，以口才谋生的人，比如主持人、相声演员、演说家，内向者的比例反而很高。也许是因为他们总能从听众的倾听中抓住关键点，从而讲到对方心里去。

4. 内向型孩子的自我对话非常多，他们脑中有很多想法，但是他们不会说出来。沉默并不意味着他不开心，很多时候，相比较外面浮躁的世界，他们更喜欢探索自己的内心世界。内向的人的能量来源就是独处，社交对他们来说是一件消耗精力的事情。所以内向的人周围只有两种人：知己和陌生人。

如果父母能够顺应内向孩子的这些特点来培养他们，那么内向的孩子很可能会成为一个体贴的、专注的、有趣的人。

具体应该怎么做呢？

第一，父母要"珍惜"孩子的内向性格。内向的孩子通常都非常友善、体贴、认真、专注，是非常好的玩伴。拥有这样的孩子是幸运、是幸福，所以更应该珍惜。

第二，父母要注意发现孩子的天赋，根据孩子的天赋特点，让他们自己选择适合自己的兴趣爱好。不同于有些外向孩子的三分钟热度，内向的孩子更善于坚持自己所热衷的事情，这是他们的巨大优势。所以，如果你的孩子喜欢画画或者书法，就不要逼着他去学演讲、唱歌。尊重，也是建立良好亲子关系的重要原则。内向孩子的心中蕴藏着巨大的热情，如果能得到释放，会让他们变得更加自信。

第三，不要试图改变孩子的内向个性。内向的性格和血型一样，是一个人的天性，而非一件不好的事情，根本不需要去改变。内向型性格也有优势和竞争力，就算在"外向理想型"社会，内向的孩子也能占得一席之地。因为我们已经进入了互联网社会，个人的"音量"不再被性格所限制。更何况，内向型的人已经越来越受到职场的欢迎。

第四，不要随意给内向的孩子贴上有消极意义的标签，比如"害羞""胆小"等。类似这样的标签都会给孩子带来非常强的心理暗示作用。贴上一个坏的标签，只是一瞬间的事情，但坏的影响却可能伴随孩子一生。

第五，不要让自己的经历影响孩子。我曾经遇到一位医生，他请我培训他孩子的语言表达能力。他是这么说的："白老师，我在福建农村长大，复旦大学毕业后分配到大医院，我其他方面都挺好，就是偏内向，吃了表达能力不强的亏啊，现在我孩子也是这样，我就把他交给您了。"当时他的孩子就站在他身边，怯怯地望着我，我赶紧用眼神制止了这位医生继续说下去。即使父母很内向，也不要让自己的经历影响孩子。内向性格也许在年少时给你带来了很多困扰，但不要杞人忧天地认为同样的事情也会发生在孩子身上。孩子可以独自解决遇到的问题，也会因此茁壮成长。父母要为他独特的性格感到欣喜，相信他能走得更远。

如果你的孩子是个内向的孩子，不要慌张，人类世界不是由外向者组成的，内向绝不是罪。你应该告诉孩子，你很爱他，他的内向性格是正常的，不擅长社交没关系，喜欢独处也没关系。父母不妨耐心等等孩子，等他慢慢地熟悉陌生人，慢慢地学习表达。同时，父母可以选取与孩子相匹配的培养方法。那么在将来的某一天，内向的孩子一定会给你带来巨大的惊喜。

划重点

内向是特点，不是缺点。

·内向型孩子的脑神经回路通常比较长，更容易坚定自己内心的想法，不容易形成"讨好型人格"。

·内向型孩子的大脑是节能型大脑，在创作、艺术、科研等领域有着明显的优势。

·内向型孩子会观察周围的一切事物，并注意到环境中所有引发他们感觉的细节。

·内向型孩子的自我对话非常多，他们脑中有很多想法。

父母怎么做？

- ·要"珍惜"孩子的内向性格。

- ·要注意发现孩子的天赋。

- ·不要试图改变孩子的内向个性。

- ·不要随意给内向的孩子贴上有消极意义的标签。

- ·不要让自己的经历影响孩子。

少年，人的第二次诞生

有心理学家把少年时期叫作人生的"危险期"，也有许多心理学家把少年时期称作人的第二次诞生。第一次诞生是作为一个生物学意义上的人，第二次诞生则是作为一个心理学意义上的人。第一次诞生时，人这样喊出自己的声明："我来了，请关心我，替我担忧吧。我是柔弱无助的，一分钟也别忘记我，请爱护我，屏住呼吸坐在我的摇篮旁吧。"可是当人完成了第二次诞生，他对自己的声明就完全不同了："别老守着我，别总跟在我后面，别束缚我的手脚，别用监督和不信任把我捆绑在襁褓里，有关我孩提时的事一句也别提。我是一个独立的人，我不愿意别人总是牵着我的手。"第一次诞生的是你的婴儿，而第二次诞生的则是你的小小少年。所以亲爱的父母们，你们要知道，少年时期的孩子不仅长高了、声音变了，他们对世界的认识，他们的人际关系、兴趣、思维方式等也在悄悄地发生变化。

少年的生理特征和心理特征：

第一，自我意识明显加强。少年时期，他们的自我意识促使他们想实现心理断乳，试图摆脱老师和父母的控制。他们处在成熟和半成熟之间，从少年向青年过渡，既独立，又依赖，想做主但情绪的控制力不强，比较冲动。

对此家长不必过于烦恼，反而要感到欣喜，因为这代表孩子自我意识越来越成熟，而这一点对孩子的成年至关重要。自我意识包括自我感觉、自我观察、自我分析、自我批评、自爱、自尊、自卑、责任感和自制等，良好的自我意识可以帮助孩子逐渐走向成熟。有些"妈宝男"一辈子都没有长大，就是因为在少年时期没有形成自我意识。

少年时期的孩子总是在不断的自我否定、自我调整、自我确立、自我反思中前进，如果这段时间他没有形成完善的自我意识，或者家长强行制止他形成自我意识，他就会走不下去。很多来找我咨询的是少年父母，一个个都非常焦虑，我跟他们说其实根本不用焦虑，应该高兴，应该祝贺孩子正在形成独特的自我。

第二，身体开始出现变化。少年在 10 ～ 14 岁这个时期，身体开始出现明显变化。一方面他们精力充沛，每天好像有用不完的力气；另一方面由于身体迅猛发育，他们很疲惫，需要大量睡眠。同时，孩子们面对自己身体的巨大变化会有些惊慌，内心充满了矛盾冲突和焦躁不安，所以这个时期的父母要多给孩子讲讲生理知识。

我家就是这样，我和我丈夫会很坦然地给孩子讲解生理知识。其实我们大人坦坦荡荡，孩子也不会不好意思。我姐姐跟我说，她小时候对身体的变化有很多疑惑，当时特别希望妈妈能给她讲讲生理知识。虽然妈妈是一位老师，可因为那个年代的成长背景，还是开不了口，最终让表姐跟姐姐"说说"。但表姐也不是成年人，对生理知识也并不是很懂，最后两人只能都是一知半解。

除了生理知识，还有一个话题让父母更觉得难以启齿，那就是"性"。其实对孩子的性教育与其他教育并无二致，只需在恰当的时候给予他们简单真实的解释，不招致他们反感就可以。父母与孩子之间互相信任的沟通，比父母自以为是的敷衍要好得多。当然，我们也不应该在孩子面前过多地谈论"性"，以免刺激孩子的性意识。如果孩子的性知识过多，或者过早有了性生活，长大后可能会对性失去兴趣。如果条件允许，父母不要和孩子同住一间房，更不要同睡一张床，兄弟和姐妹也应该分房睡。

我有一位少年时的同学，突然自缢身亡，警方分析了他自杀的原因：他们家睡上下床，父母在下层，他在上层，父母的性行为他"耳濡目染"，而正值少年时期的他，身心都开始发育，受到了强烈的刺激，导致了他后来的自杀行为。所以父母也要把握好"度"，不要让孩子刻意去了解"性"，等到他有疑惑的时候再说。

第三，少男少女的心理有所不同。男孩比较急躁、直率，甚至尖锐激烈，评价事物爱感情用事，因此更需要父母的耐心和包容。女孩子遇事则温和持重一些，但更需要父母的鼓励和支持。

当我们了解了这些规律，就不会为他们的言行感到困惑和烦恼。爱孩子是一种本能，尊重孩子则是一种修养：我们要尊重孩子的身体，不恶言相向；尊重孩子的"秘密"，不千方百计地探听，父母也不可以"为所欲为"；尊重孩子的独立人格，因势利导。

第四，少年开始从物质世界走向观念世界。他们的目光开始从身边熟悉的世界投向更广阔的世界，他们渴望了解外面的未知世界，而小小的家庭、学校已经满足不了他们，他们开始关心自己及身边人以外的世界、他人的命运以及道德层面、政治层面的东西，从小我走向大我，从物质世界走向观念世界。

这也是他们寻找未来自我定位的过程，思考自己将来要干什么的过程，这个过程父母不能干涉太多，但也不能完全袖手旁观，要把握好分寸。

孩子第一次诞生来到这个世界时，年轻的父母们做了精心的准备：各种各样的小衣服和食品，花样繁多的玩具和图画书。但当孩子"第二次诞生"时，许多父母却没有任何准备，反而是手足无措：孩子怎么变了？不仅个子长高了，身体发育了，性格也变得不稳定了，动不动就发脾气、顶嘴，和我的关系也不像过去那样亲密了。

但如果父母知道这是孩子的第二次诞生，就会从容坦然得多，知道应该像孩子第一次诞生时那样耐心细致地对待他。其实青春期和更年期一样，都是一个特殊时期，要特殊对待：要尊重孩子的独立性，不要总想着控制孩子、驯化孩子；要少一点命令，多一些协商；少一点指手画脚，多一些沟通交流；要密切关注孩子身体的变化，给孩子足够的营养；给男孩更多的耐心，给女孩更多的关心；把孩子引向更加广阔的世界，让孩子走出自我狭小的天地；要做他们的朋友而不是敌人，培养他们自我探索的习惯和能力。

只有你具有了敏锐的感觉，才能够发现孩子细腻的精神世界，发现孩子细微的变化，从而帮助孩子更好地成长。

✏️划重点

少年，人的第二次诞生。

· 自我意识加强，正在形成独特的自我。

· 身体特征开始有明显变化。

· 男孩和女孩会出现不同的心理。

· 开始从物质世界走向观念世界。

父母怎么做？

· 要尊重孩子的独立性，不要总想着控制孩子、驯化孩子。

· 要少一点命令，多一些协商。

· 少一点指手画脚，多一些沟通交流。

· 要密切关注孩子身体的变化，给孩子足够的营养。

·给男孩更多的耐心，给女孩更多的关心。

·把孩子引向更加广阔的世界，让孩子走出自我狭小的天地。

·要做他们的朋友而不是敌人，培养他们自我探索的习惯和能力。

第二部分

孩子的那些"小毛病"

恭喜你，有一个喜欢犟嘴的孩子

中国有一句老话："淹死会水的，打死犟嘴的。"在中国人的传统观念里，孩子犟嘴是一件非常不尊重大人的事情。因为这意味着孩子不服管教，家长的权威受到挑战了！

在一个真人秀节目中，一位明星爷爷哄7岁的孙子吃东西，小男孩不吃，还顶嘴："一天到晚就知道吃、吃、吃，是吃货啊！"爷爷的脾气本来就火暴，这下更没忍住，朝着小男孩的屁股就是一脚，当然他只是象征性地踢了一脚。让我感到遗憾的是网友们的评论，所有的关注点都在孙子的行为上："这样的孩子真的要好好教育教育！""这孩子肯定是惯坏了，踢得好！"虽然孩子在行为上显得没有礼貌，缺乏管教，但我们可以分析孩子说这句话背后的原因。为什么这个孩子就一定要吃大人给的东西呢？孩子为什么会顶嘴呢？当时他心里是怎么想的呢？

孩子成长到一定阶段时，就有了"权利意识"——想为自己的事情做主。所以当大人告诉他"必须做某事或不要做某事"时，他们会觉得自己的权利被剥夺了，恼怒之中不自觉地就回嘴了，以此来捍卫自己的权利，寻找心理平衡。而父母对"犟嘴"的深恶痛绝，折射出的是父母和孩子人格上的不平等——父母是孩子的绝对权威，孩子必须听父母的。但其实不是这样，孩子不是父母的附庸，他们有自己的自由意志，父母和孩子之间是平等的。

所以，面对一个爱犟嘴的孩子时，父母首先要审视和修正的是自己的心态。不要觉得孩子爱犟嘴是一种罪大恶极的行为，应该把它当作正常的行为表现。孩子的认知能力已经发展到了一定程度，开始独立思考了，对大人所谓的权威观点敢于质疑了，难道我们不应该为此感到高兴吗？

所以，我们应该辩证对待孩子的"犟嘴"，只要不是单纯的逆反心理作祟，那么就是正常的，对孩子的成长是有一定助益的。而且，顶嘴的孩子也是有优点的。

第一，爱顶嘴的孩子更聪明。孩子要顶回父母的话，还要顶得有理有据，是需要进行逻辑思考的，这本身就是个很好的训练。

第二，爱顶嘴的孩子更勇敢。孩子知道顶嘴可能会受到父母的批评或惩罚，还是选择顶嘴，这本身就需要勇气。

第三，会顶嘴的孩子更独立。有相关研究表明，反抗性较强的孩子中，80% 长大后独立判断能力更强。

第四，会顶嘴的孩子身心更健康。只要是情绪，就需要宣泄。孩子通过顶嘴把内心感受表达出来，他们的身心会因此更健康。

看上去犟嘴的好处很多，那么是不是对孩子的犟嘴行为就可以放任自流了？当然不是！俗话说："心有戒尺，行有所止。"我们教育孩子的目的，就是构建这把心里的戒尺，让孩子懂得"有所为，有所不为"。对孩子的"犟嘴"行为，既不能简单地制止、训斥，也不能放任自流，任其野蛮生长，父母要分析孩子犟嘴的原因，然后正确引导，并尝试用不同的方式来应对。

1. 自辩式"犟嘴"。如果父母的批评与孩子的实际情况不符，孩子为了自证清白、澄清事实，就会为自己辩解，这便是自辩式"犟嘴"。对这样的"犟嘴"，父母应该耐心倾听，有则改之，无则加勉，而且还要鼓励孩子，遇到这种情况，要大胆为自己辩解，说出自己的真实情况和想法。

2.掩盖式"犟嘴"。孩子为了掩盖自己的过失而犟嘴，会让父母非常生气，因为这无异于撒谎。其实这倒不是孩子成心撒谎，而是他们害怕面对批评，害怕被父母认为是"坏孩子"，于是就通过"犟嘴"来掩饰自己的过失，力图保住"好孩子"的形象。遇到这种情况，父母绝不可急躁，应耐心细致地引导孩子，使他认识到犯错误不要紧，重要的是要勇于承认错误、改正错误，即使犯了错，也依然是父母眼中的"好孩子"。这一点很重要，因为这是孩子"犟嘴"的原因，也是孩子今后改正错误的动力。

3.认识不清式"犟嘴"。父母和孩子的认知程度当然不同，父母认为对孩子有利的事情，孩子未必这样认为，于是就会反抗犟嘴。这并不是说父母的认知就一定对，父母也有错误的时候。那么在这种情况下，一是要耐心向孩子解释，提高他的认知；二是父母要谦虚好学，提高自己的认知，思考一下孩子的顶嘴是不是有道理？不能总用"我吃过的盐比你吃过的米还多"这句话来压制孩子必须听你的。

4.模仿式"犟嘴"。我认识一位妈妈，喜欢争强好胜，嘴上更是不饶人，遇到问题总爱和孩子的爸爸"犟嘴"。而她自然成了孩子的模仿对象，久而久之，孩子就学会了她的说话方式，并认为犟嘴是一种非常厉害的表达方式。所以，如果你觉得孩子喜欢犟嘴，不妨先审视一下自己是不是有这样的习惯。

孩子犟嘴的原因也许不是单一的，但总有原因，找到原因才能找到应对之法。对于确实需要改正的"犟嘴"，推荐一种应对之法——"后果教育"，即让孩子承担犟嘴的后果，这样孩子才会真正地、清晰地认识到事情的重要性，形成一个深刻的印象，吸取教训。这其中要注意，不要直接说孩子犟嘴不对，而是告诉孩子你听到他犟嘴时的感受：我很难过、我很生气、我心里不舒服等等。让孩子与你共情，然后不再犟嘴。其次，不要重复孩子犟嘴时说的话，否则会让他印象更深刻。应该用尊重、温柔平和的方式和孩子沟通，告诉他犟嘴是不礼貌的行为。

还有一种做法是：暂时结束对话。当孩子故意抬杠、口不择言、不可理喻时，你可以选择马上走开，不和他理论，因为理论也会强化他的犟嘴行为。比如你和孩子玩游戏，他输了，却撒泼耍赖大喊自己没输，你可以立即停止游戏，离开房间，并告诉孩子"当你平静下来有个好态度的时候我们再来谈"。孩子就会认识到，犟嘴这样的沟通方式是无效的，或许以后就会放弃这样的表达方式。

如果你有一个爱犟嘴的孩子，不用过于焦虑，可以借此机会训练他们的各种能力，比如表达能力、认知能力、沟通能力和控制情绪的能力等等，那么犟嘴这一负面行为也会成为孩子成长的助推器。

划重点

· 顶嘴犟嘴是正常现象。

· 犟嘴也分很多种：自辩式、掩盖式、认识不清式、模仿式。

父母怎么做？

· 辩证对待犟嘴行为，不同的行为用不同的引导方式。

· 不用过于焦虑，可以借此机会训练他们的各种能力。

孩子爱说谎，99%是父母逼出来的

你的孩子撒过谎吗？我想大部分父母的答案是肯定的。考试考砸了，说没出成绩；忘了做作业，说老师没布置；关在房间里偷偷玩平板电脑，说在学习……孩子们的谎言有时让父母哭笑不得，有时令父母大动肝火，因为"撒谎"在人们的普遍认知里不是一件好事情。

儿子七岁时，我家买了一个崭新的热水瓶，非常有设计感，当然价格也不菲。我非常喜欢。谁知没过几天，不知是谁把它放到火上面烧水，给烧坏了！我特别心疼，冲着家里人吼道："是谁干的？！"儿子马上说："可能是保姆阿姨干的吧？反正不是我……妈妈，阿姨烧饭的时候，我好像闻到了一股煳味儿！"我当时相信了，但一问阿姨，事情真相并不是这样。

但是，我并没有马上揭穿儿子的谎言，而是反思自己。孩子哪里知道热水瓶不是水壶，是不能放在火上烧的。他才七岁！热水瓶烧坏之后，他害怕了。在我发现之前，他已经煎熬了几个小时！而且在这之前我啧啧称赞热水瓶的设计，强调它的价格，表示了对它的喜爱，这对孩子来说都是巨大的压力。再加上我发现热水瓶被烧坏后夸张的尖叫，孩子就彻底不敢说实话了。虽然他知道谎话早晚会被揭穿，但肯定能拖多久就拖多久。这符合孩子的思维！

　　心理学上说，撒谎是指实行欺骗他人的行为来满足自己的需求。我们可以从两方面来理解这句话：一、它是"欺骗"；二、它是为了满足撒谎人的某种"需求"。我们过于在乎它是一种不好的行为——"欺骗"，却忽略了"他为什么要欺骗"——背后的需求，而要想改变撒谎行为，重点是弄清楚后者。

　　怎么弄清楚呢？可以从以下几方面具体分析：

　　1.看孩子处于哪个年龄阶段。2～5岁的孩子，常常一本正经地胡说八道，且错漏百出，大人一听就知道他们在"说瞎话"。比如：奶奶给她买的裙子，她说是妈妈买的。对于这类"谎言"，父母耐心地纠正就可以了，不必过于在意。6岁之后，父母可能就分不清孩子是否真的在撒谎了。比如：爸爸让孩子喝药，孩子说自己喝过了，可爸爸发现他的嘴里并没有药味，孩子说这是因为他喝了很多水……这让父母很抓狂，搞不清楚他是在说真话还是在说谎话。

2.孩子期待父母的更多关注。跳水冠军田亮曾经在自己的书里提到，儿子出生后，吸引了家人更多的注意力。有一次，女儿森蝶（Cindy）跟妈妈说自己脚疼，妈妈查看后发现她的脚没有任何异常。询问之下，森蝶说，看着全家人都围着弟弟，她心里不舒服，就故意撒谎说自己脚疼。这样的谎言确实该让父母反思，自己是不是忽略了孩子的感受，让孩子不得不撒个小谎来"求关注"。

3.逃避惩罚，或者逃避和父母发生冲突。因为不想被爸爸妈妈或其他长辈"教育"，所以孩子下意识地选择用谎言来掩盖真相，这其实是对父母、长辈的不信任。而为了避免向父母解释或为了避免与父母产生冲突选择说谎，则说明亲子关系不够亲密，孩子和父母之间的沟通机制没有完全建立起来。

4.父母的要求过于严格，孩子害怕让父母失望。当父母对孩子的要求过于严苛，超过了孩子的承受能力，或孩子比较敏感细腻，过于在乎父母的感受又不想让他们失望时，也会选择撒谎。

孩子的问题往往是父母的问题。所以，如果发现孩子出现了问题，父母不要着急批评孩子，先反思一下是不是自己的教育方式出现了问题。

那么，发现孩子说了谎，我们要不要拆穿他呢？

很多父母的第一反应是必须拆穿，并狠狠地批评他，让他记住教训。这样做看似让孩子承担了撒谎的后果，实际上却带来了更坏的后果——孩子会觉得，我的撒谎技巧太烂了，下次我撒谎要撒得高明一点。同时，直接拆穿孩子的谎言也会让孩子难堪。

所以，与其拆穿，不如正确引导：了解孩子说谎的原因，找到孩子说谎背后的心理需求，顺着孩子的思路，用"共情"让孩子承认错误，不再说谎。这需要一定的表达技巧。比如：

拆穿并责问：你偷玩电脑了是不是？！

共情：妈妈知道你玩了电脑，没关系，但希望你下次写完作业后再玩。

拆穿并责问：谁让你这么不小心打碎花盆！

共情：有没有伤到手？花盆碎了没有关系，妈妈知道你不是故意的，下次注意就好。

孩子本来心慌害怕，听父母这么一说，心理负担消失了，也就不需要再说谎了。

所以，别轻易拆穿甚至破口大骂孩子，而是给他包容、理解和接纳。当孩子感到被理解、包容、接纳和被爱，又怎会忍心去欺骗父母呢？

比起"揪出谎言"，告诉孩子"你应该诚实"更重要。这需要父母做到以下几点：

第一，用心倾听孩子，看孩子是不是真的撒谎了，别冤枉了孩子。如果孩子确实撒谎了，我们就要分析他到底是什么需求没有得到满足。比如，父母对零花钱管得很严，从来不给或者很少给，但孩子对零花钱的需求却越来越大，自我意识也越来越强，那么就会用说谎的方法来获取更多的零花钱。

第二，父母要做说真话的榜样。有些父母在孩子不高兴或自己很高兴的时候，常常会"哄"孩子，给孩子开空头支票，许下很多并不准备兑现的诺言，在孩子心中留下了"爸爸妈妈说话不算数"的坏印象，从而让孩子模仿学习。所以，父母首先要说真话，为孩子做出榜样，无论在什么情况下都不撒谎、不作假，有什么说什么，说到做到，那么孩子多半不会有说谎话的习惯。

第三，鼓励孩子说真话。这需要在家里营造民主宽松的环境，孩子犯了错，父母不要过于苛责，而是亲切耐心地跟孩子交谈，那么孩子就没有说谎话的必要了。如果孩子因为说真话在外面吃了亏，父母应该想办法对孩子进行心理疏导，并支持孩子讲真话，鼓励他做一个真诚的人，那么孩子会坚定地继续说真话。

总之，对于孩子说谎这一现象父母不必过于紧张，只要消除他们说谎话的条件，撤掉谎言的"温床"，孩子说谎的行为就会自然消失。

划重点

· 撒谎是指实行欺骗他人的行为来满足自己的需求。

· 撒谎孩子的背后，大多是在"求关注"。

父母怎么做？

· 孩子撒谎，父母要先反思自己。

·比起"揪出谎言",告诉孩子"你应该诚实"更重要。

·用心倾听孩子。

·父母要做说真话的榜样。

·在家营造民主宽松的环境,鼓励孩子说真话。

孩子爱发脾气，是不是天生的？

有一次，我去参加一个亲子活动，其中有一个环节是家长和孩子一起完成一座沙雕。当其他家庭都在其乐融融地做沙雕时，有一个孩子却大哭大闹，还一脚踹飞了已经搭好一半的沙雕，父母在旁边怎么劝都没用。大家都看着他们，孩子的父母看起来很尴尬，不停地向大家道歉："对不起！对不起！我们家孩子脾气不好。"

脾气不好的孩子大家都见过，没给他买想要的玩具，他崩溃大哭；阻止他继续玩游戏，他大声哭闹；让他收拾好玩具再睡觉，他马上不乐意了，拿起玩具就摔；有些孩子甚至还会打爸爸妈妈。

遇到这样的情况，大多数父母都会认为：我的孩子天生就爱发脾气，没办法。

那么，孩子爱发脾气，到底是不是天生的？有没有办法让孩子学会控制情绪呢?

要回答这两个问题,我们首先需要了解,孩子有发脾气的权利,发脾气是孩子的一种沟通方式。其实,孩子的愤怒、哭闹等情绪,都是在向我们释放信息,如果我们能读懂孩子情绪背后的信息,了解孩子发脾气背后的潜在表达,就能帮助孩子调控情绪。

那么,孩子为什么会发脾气呢?答案可以从孩子发脾气的情境中找到。

1.特别疲劳或者遇到挫折时。比如纽扣扣不上、鞋子穿不好、积木搭不成功、和小伙伴玩的时候自己总是跟不上节奏,这些都有可能让孩子因挫败而生气。

2.大人突然改变计划或没有实现诺言时。比如父母之前和孩子说好今天带他去公园,结果下雨了或者自己没时间,去不了了,这时孩子的情绪可能就会崩溃。

3.被大人忽视时。父母下了班还是忙工作,或者一直看手机不陪孩子,孩子就会因被忽视而发脾气。

4.喜欢的东西没有了。有的孩子会因为喜爱的动画片看完了,或者最爱的气球爆炸了而大哭一晚上。

5.出现很多陌生人或者环境太过陌生时。过节时,家里宴请客人,会突然出现很多陌生人,这很容易让孩子感到不适，从而产生情绪问题。

应对孩子的脾气，不同的父母有不同的做法。有的是苦口婆心说道理，有的是连哄带骗，有的则是"以暴制暴"。最后这种情况可能是最常见的。我们经常看到有些父母对着倒地撒泼的孩子呵斥道："你怎么总是乱发脾气？""你给我停下来！不许哭！"其实，这种以"你"开头的呵斥，本身就是一种指责，是不可取的方式。当然，为了让孩子停止哭闹而暂时满足他的愿望或是直接上手打骂，这些方式都是不可取的。那么，父母该怎么做呢？

在这里要提醒父母一点，即任何方式都不能动怒，孩子脾气越大，你越应该平静，而不是跟着孩子的愤怒情绪走。如果孩子小，可以把孩子揽在怀中，认真、平静地注视着他，告诉他：我知道你很生气，告诉我你为什么生气？让孩子通过表达自己平静下来，父母此刻要非常耐心地等待孩子恢复平静。而对于大一点的孩子，父母可以让他们回到自己的房间内"闭门思过"，待他们情绪平静下来之后再引导。

具体可以通过以下几个步骤：

1.询问孩子发脾气的原因。

2.接纳他的情绪，并帮助他分析产生情绪的原因正确与否。

3.引导他管理自己的情绪。

这三步简单易操作，父母可以试试效果。除此之外，父母千万不要和孩子讲大道理，也不要轻易向孩子"妥协"，因为这样容易让他把发脾气当作自己的武器。

爱发脾气其实也不完全是坏事，孩子表达自己的愤怒说明他们没有压抑自己，敢于表达不满，只是他们还没有学会正确的表达方式。心理学家武志红曾说，发脾气代表一个人没有失去自己的攻击性，即活力。所以对于孩子发脾气父母要灵活处理，简单来说就是：引导好过压制。

有人说，养孩子就像种花，孩子身上的坏脾气、坏毛病就像花上的灰尘，得经常清洗擦拭。但力气轻了擦不干净，力气重了会把花弄伤。所以方法要正确，力度要恰到好处。

划重点

·孩子有发脾气的权利，发脾气是孩子的一种沟通方式。

·孩子的愤怒、哭闹等情绪，都是在向我们释放信息。

父母怎么做？

·不能动怒，孩子脾气越大，你越应该平静。

·接纳他的情绪，并帮助他分析产生情绪的原因。

·引导他管理自己的情绪。

孩子沉迷游戏，父母该怎么管？

发现孩子沉迷游戏，大多数父母都会一股脑地把责任推给游戏，认为它就是罪魁祸首。只要消灭这个罪魁祸首，孩子自然就不再沉迷了。如果真的是这样，那成人沉迷看球、追剧，有时也影响了工作、生活，是不是也要把球赛和电视剧毁掉呢？然而，我们并没有这么做，因为我们知道沉迷的主要原因还是在人本身，而不是沉迷的对象。所以，孩子沉迷游戏的罪魁祸首不是游戏。

那么，我们该如何帮助沉迷的孩子走出来呢？这需要从孩子为什么沉迷游戏说起。

首先，游戏世界比现实世界更加奇幻，更能让孩子体会到掌控感。在现实生活中，孩子的很多事情是被父母包办的、安排的、管控的，他们无法自由选择自己的生活，只能被迫生活。但在游戏世界里，他们拥有绝对的主动权，可以自由选择角色和队友，可以尝试各种危险的操作，可以决定开始还是结束，可以决定角色的生死以及游戏最终的成功或失败。这种掌控感很吸引孩子。

其次，孩子能从游戏中寻找到精神寄托。我们在生活中看到，越是缺少父母陪伴和关爱的孩子，越是容易沉迷游戏。因为他们无法从父母那里得到情感的慰藉，就只好从游戏中寻找。所以，孩子沉迷游戏的背后是心灵的空虚，而造成他们心灵空虚的原因是父母的缺失。当父母无法给孩子足够的陪伴和情感交流，于是有趣的游戏便成了他们忠实的伙伴。

所以，孩子沉迷游戏的"罪魁祸首"是父母及不当的教育方式。

可悲的是很多父母没有意识到这一点，他们恐慌地只是想把游戏毁掉。但这种方式只是治标不治本，把游戏毁掉了，孩子还会沉迷别的。因此，父母只有放松心态，改变自己与孩子的关系，引导孩子利用游戏为他自己服务，才能真正把孩子从沉迷游戏的洪水猛兽中解救出来。

其实，游戏中有许多"好"东西。比如一些游戏巧妙地融合了历史和文化，用孩子更容易接受的方式向他们传递知识；还有一些团队合作游戏，能培养孩子的协作意识，让孩子更好地理解"伙伴"的意义；而一些看似简单实则很难的通关游戏，更能培养孩子的坚持精神。

这些游戏，也能很好地开发孩子的大脑。游戏就像一把双刃剑，就看父母如何引导孩子去使用。

那么，父母该如何做呢？

第一，陪孩子一起玩。孩子沉迷游戏的原因之一就是缺少父母的陪伴，所以，如果你也会玩游戏，不妨陪伴孩子一起玩。当孩子成功时给予他肯定和赞扬；当孩子失败时帮助他分析原因，鼓励他再次尝试；当孩子迷茫时给予适当的指引。在这个过程中，孩子不仅从游戏中得到了快乐，你和孩子之间的关系也更加亲密了。

第二，把游戏当成一堂生活课。游戏结束后，和孩子复盘，一起总结游戏中的收获，并引申到现实中来。每次游戏都可以是一次亲子活动，也可以是一堂生活课。

第三，让孩子教你玩游戏。如果你不会玩，那就让孩子教你怎么玩。孩子肯定会非常愿意，因为他可以从中体会到巨大的成就感，而且还可以锻炼自己的表达能力。

第四，给孩子推荐经典游戏。多找些不同类型的经典游戏，让孩子选择自己喜欢的玩。愿意给孩子找好游戏玩的父母，远比强行销毁游戏的父母更容易亲近孩子。

　　第五，把孩子玩游戏置于父母的监管之下。孩子当然可以玩游戏，但和任何一项活动一样，应该有所节制，毕竟学习才是孩子的主要任务。父母可以和孩子一起规划出每天的游戏时间，什么时候玩，什么时候停，一天玩几个小时，引导孩子可以喜欢游戏但不要沉迷。也可以把孩子的现实生活游戏化，让现实生活变得有趣、有意义，那么孩子就会逐渐从虚拟世界中走出来，回到并爱上现实生活。

　　这些建议的重点，是让父母和孩子建立相互信任、相互依赖的关系，让父母的地位在孩子的心中超过游戏。孩子沉迷游戏，归根结底是缺少同世界沟通的通道，而父母就是孩子与外部世界之间最好的纽带。比如《王者荣耀》这款游戏，里面有一些英雄历史人物，父母可以和孩子聊聊他们的故事，也可以和孩子一起查资料、翻阅历史书籍，或者让孩子把英雄的故事讲给你听。总之，参与孩子的生活，让孩子感觉到你关心他、认同他。

　　其实，游戏就是孩子的一个伙伴，如果父母可以抽出更多的时间陪伴孩子，那父母就会成为孩子最好的伙伴，而游戏就会成为孩子童年生活的点缀。并不是游戏抢夺了孩子，而是父母拱手把孩子推向了游戏。要想把孩子从游戏中解救出来，就需要用陪伴和爱把孩子重新"拉"回你身边。

孩子沉迷游戏是一个重要的信号，提醒父母，孩子的成长可能出现了问题，你的教育可能出现了问题，父母要把注意力放在这些方面，而不是对游戏暴力制止。游戏并不是洪水猛兽，但错误的教育方法堪比洪水猛兽。

划重点

·孩子沉迷游戏，是缺少同世界沟通的通道，而父母就是孩子与外部世界之间最好的纽带。

·越是缺少父母陪伴和关爱的孩子，越是容易沉迷游戏。

·孩子沉迷游戏的"罪魁祸首"是父母及不当的教育方式。

父母怎么做？

·参与孩子的生活，让孩子感觉到你关心他、认同他。

·陪孩子一起玩，让你的地位在孩子心中超过游戏。

·引导孩子可以喜欢游戏，但不要沉迷。

孩子磨蹭，怎么破？

相信大多数父母都遇到过这种情况：眼看着出门就要迟到了，孩子还在磨蹭，你都火烧眉毛了，他还悠然自得……

面对这种情况，父母常用的应对之法就是催促："快点！快点！"但是好像并不管用。反而是越催促，孩子的动作越慢，于是父母越着急生气。有些孩子甚至会故意磨蹭来刺激父母，而有些孩子则在催促中挫伤了自主性。

孩子为什么这么喜欢磨蹭呢？

有研究表明，儿童在 13 岁以前，对世界的感知和成人是不同的。换句话就是，孩子看到和感受到的世界和成人不一样。成人遵循的是最大效益法则，儿童遵循的是游戏法则，会把事情游戏化，所以当大人着急的时候，孩子却沉浸在自己构想出来的游戏世界。

比如，你让孩子乖乖站在那里等你，孩子就可能会把自己想象成坚守岗位的士兵；你领着孩子走过一条石子路，他就会跳来跳去把自己当成孙猴子；一张床，大人认为那是休息睡觉的地方，孩子则觉得它就是一张蹦床，非上去蹦跶两下才行。

如果我们不了解孩子的世界，就会觉得他不可理喻，但实际上孩子却是"磨蹭有理"。所以，要求孩子像成人一样做事迅速，是违背了孩子的认知天性。而允许孩子磨蹭，则是尊重孩子的天性。但是，不是无底线地允许，而是要引导孩子在自己的能力范围内提高效率，慢慢赶走"小磨蹭"。否则，过多的催促只能让孩子烦躁、逆反，越催越慢，再催就熄火。

专门研究拖延症的心理专家曾说过：拖延是一个人的独立宣言，他试图通过拖延来告诉人们，"我是一个拥有自主权的人，我根据自己的选择来行动"。

是的，无论成人还是孩子，都想拥有对自己的掌控权。父母催促孩子，是妄想对孩子的事情拥有主导权，而孩子肯定会想，我为什么要由你来控制？

那么，父母该怎么做呢？

第一，帮孩子树立时间观念。父母可以用一些直观的信息让孩子具备时间观念，大一点的孩子直接教他们认识时间，而小一点的孩子，我们可以用他们能理解的方式教他"认时间"，比如短针指到 9 的时候，我们就该出门了。

弗朗西斯科曾经提出一个很好的时间管理法，叫"番茄钟"法，因为当时他家的定时器刚好是番茄形状的。这个方法是用计时器定时来进行时间管理，把任务分解成半小时一段，每半小时里，集中精力学习 25 分钟，然后休息 5 分钟，这就是一个"番茄钟"。完成 4 个"番茄钟"后，休息 30 分钟。番茄钟结束时，铃声"丁零"一响非常神奇，好像是对孩子说："太棒了！你做到了！"这是对孩子重要的、强烈的反馈和肯定，会给孩子带来巨大的成就感，促使孩子分泌内啡肽，产生愉悦感。时间久了，孩子会熟悉这种感觉，从第一个番茄钟开始时就渴望拥有这种感觉。

第二，读绘本，感知时间。父母可以通过读绘本让孩子来感知时间，比如《我的一天》《老狼，老狼，几点了》《金老爷买钟》等，这些绘本都是关于时间的。

第三，对孩子的事情放权。孩子的事情，尽量让孩子自己做主。孩子有了对自己的掌控感，就会积极主动地做事情了。

比如我家出门时，都是儿子自己去衣柜里挑选自己的衣服，如何搭配，想带什么玩具，背什么小书包，全由他自己做主。只要不是夏天穿羽绒服，冬天穿短袖，我们就不管。

第四，让孩子自己承担磨蹭的后果。很多时候，父母担心孩子磨蹭会迟到，会完不成作业，所以会紧张地催促孩子，这其实是把孩子应该承担的责任转嫁给了自己。实际上应该是，谁的事情，谁承担压力；谁做错事情，谁承担责任。所以父母可以让孩子自己承受磨蹭的后果，可以适度地提醒他："我已经提醒你两次了，接下来我不会再提醒你了，迟到了你自己负责。"然后就不需要做什么了。

不过，很多时候不是孩子太磨蹭，而是我们太着急。孩子的习惯和动作的迅速程度，怎么可能比得上成人呢？养育孩子，要不疾不徐，所谓成长，就是慢慢陪孩子长大。

✏️ 划重点

· 磨蹭是孩子的天性。

· 成人遵循的是最大效益法则，儿童遵循的是游戏法则。

- 不是孩子太磨蹭，而是我们太着急。

父母怎么做？

- 帮孩子树立时间观念。

- 读绘本，感知时间。

- 对孩子的事情放权。

- 让孩子自己承担磨蹭的后果。

第三部分

如何培养孩子的社交力

孩子合不合群，与父母的社交力有关

社交能力是一种了不起的能力。它包括：

1.有胸怀。包容别人而不是时时刻刻地为自己着想，不轻易对一个人和一段关系下结论。

2.有沟通能力。特别是遇到矛盾冲突的时候，好好说话，不急不躁，不争对错，知道自己在这段关系里最终想要得到什么，输赢还是和平。

3.有勇气。社交就是一个人走出舒适地带，和陌生世界接触的过程。这其中，一定会遇到难题，每一个和你不一样的人都可能是难题。但正是这些难题，扩大了我们的认知，发现世界原来和我们想象中的不一样。

社交，并不意味着虚伪、做作、妥协、退让，甚至失去自我，而是一种适应社会的能力。很多不合群的人不是不想合群，而是缺少这个能力，他们害怕被伤害、被拒绝，所以干脆选择躲在自己的世界不走出去，而这其中就包括一些孩子。

孩子缺乏社交能力和孩子性格内向不是一回事，性格内向是指他们更喜欢沉浸在自己的世界里，不合群是指不愿意或无法融入群体，内向和外向的孩子都有可能不合群。

比如4岁的婷婷，总是不愿意和别的小朋友一起玩，一到陌生的地方就要妈妈抱着，不肯下地，甚至哭闹。像婷婷这样的孩子并不少见，有些父母觉得这是小问题，孩子大了自然就好了。有些父母却非常紧张，担心孩子性格孤僻，会影响以后的社交。一般来讲，大部分孩子在陌生的环境或意外情况下，都会表现出短暂的退缩。但通常会随着时间和环境的变化逐渐适应，并会在各种活动中主动发展自己适应环境的能力。但是，也有一些孩子的社交能力没有得到自然的发展，如果父母没有进行适当的引导和纠正，就容易发展成社交敏感症，甚至是"社交恐惧症"，以后对孩子融入集体、社会化都会有影响！

从婷婷的表现来看，她在家里比较听话，在陌生人面前比较羞怯，在熟人面前则是烦躁。这可能有两种原因：一是婷婷在婴儿期没有和父母建立起良好的依恋关系，使其对外部世界感到紧张；二是婷婷的认知能力和表达能力较弱，在适应陌生环境或与陌生人接触时，会本能地感到害羞、胆怯甚至恐惧。

婷婷的情况和她的父母有很大的关系，因为她的父母也缺乏社交能力。

很多人说，"独"是独生子女的硬伤。独自长大的他们社交能力无法得到很好的发展，当他们成为父母后，也没有能力教孩子如何去社交。并非孩子天生缺乏社交热情，只是没有从父母身上学会如何处理关系中的冲突，因为这一课很多父母都不及格。

这些父母面对孩子的态度以及营造出的家庭环境，会严重影响孩子的社交热情和社交能力。

比如父母对孩子过度关切，无条件满足孩子的要求，使孩子失去了社交需求，社交能力也因此得不到发展；因为社交能力差，不知道如何解决和小朋友之间的矛盾，造成了心理伤害。为了保护自己不再受到伤害，孩子就会回避社交；父母担心孩子受欺负，限制孩子与其他小朋友交往，跟孩子说"不要再和他玩"或者"他欺负你，他是坏人"。这些不当的教育方式和惯有思维，一步步弱化了孩子的社交能力，强化了孩子的孤僻心理。我们之所以害怕社交，是害怕走出舒适地带，害怕面对关系冲突带来的挫败感。孩子不喜欢社交也是同样的原因。

所以，如果你想改善孩子的社交能力，需要从两方面来努力：修正自己的社交能力；用合理的方法来培养孩子的社交意愿和社交能力。具体方法是：

1.不要占据孩子的所有时间。父母不必24小时都和孩子待在一起，孩子应该有自己的朋友圈，把孩子的时间还给孩子，让他和自己的伙伴一起玩耍，学习社交。

2.给孩子创造交朋友的机会。比如组织派对，让孩子学习如何融入群体，和他人打成一片。当然这个派对要以孩子为主。

3.培养孩子的合作能力。父母可以交给孩子一些一个人难以完成的任务，鼓励他向别人求援，与别人合作，增加他与别人交往的机会。

4.引导孩子学习表达、社交礼仪、交往技巧等，这些都是社交能力的一部分，也能让孩子变得彬彬有礼，有礼貌的孩子总是能受到他人喜欢的。

5.教孩子处理社交中的矛盾冲突。矛盾冲突是社交中最大的障碍，也是很多孩子恐惧社交的重要原因。父母可以通过绘本讲解、角色扮演等方式，教会孩子解决矛盾冲突的具体方法。

每一位父母都希望把孩子保护得好好的，但过多的保护反而弱化了他们的社交能力。因此，适度的放手也是一种保护。从小教会他们如何与这个世界相处，不必过于强调他们是否合群，不必过早地给他们贴上"不合群"的标签，而是主动积极地用各种方法，让自己和孩子都能走出舒适地带，快乐地对这个世界说："你好！"

划重点

· 孩子缺乏社交能力和孩子性格内向不是一回事。

· 内向和外向的孩子都有可能不合群。

· 父母面对孩子的态度以及营造出的家庭环境，会严重影响孩子的社交热情和社交能力。

父母怎么做？

· 不要占据孩子的所有时间。

· 给孩子创造交朋友的机会。

· 培养孩子的合作能力。

· 引导孩子学习表达、社交礼仪、交往技巧等。

· 教孩子处理社交中的矛盾冲突。

爱出风头，是好事还是坏事？

爱出风头，在很多中国父母的眼里似乎不是一种好的素质。但在西方的教育理念中，父母往往鼓励孩子出风头。

我在国外的时候，接触过一所幼儿园，每逢周一，幼儿园的活动都会有一段"圆圈时间"。孩子们在地毯上围坐一圈，将自己心爱的东西向小朋友们展示，并进行几分钟的即兴表演，每个小朋友都跃跃欲试，很喜欢上台展示自己的才能。

这里，"圆圈时间"就是这么一个鼓励孩子"出风头"的舞台。通过这种方式帮助孩子建立这样的观念：谁有一点小小的"成就"，谁就会引人注目成为"中心"，获得大家的欣赏，而孩子的"荣誉感"就是这样形成的。在"圆圈时间"，孩子们机会均等，谁都有可能在几分钟里成为大家注意的焦点，面对大家展示才能、表现自己。这不仅有助于提高孩子们的自信心，同时还能让他们学会欣赏他人。这对提高孩子的社交能力，有非常好的促进作用。

可以看出，在不同的文化背景下，对于"孩子爱出风头好不好"有截然不同的观点。

我的观点是：孩子爱出风头、爱表现自己，完全可以理解，不是什么坏事！就像我们成年人，要想在竞争激烈的社会中站稳脚跟，占据一席之地，也会不遗余力地展示自己的才华，以求获得上司和同事的认可。孩子更是这样，他们更喜欢在众人面前表现自己，博得他人更多的关注。这会带给他们很多好处：首先，乐于表现自己的孩子往往会主动争取表现的机会，这可以锻炼他们把握机会的能力，增强他们的胆量。其次，孩子的想法、才能得到了充分的展示，会更有自信心，精神也会处在一种轻松积极的状态。再次，外向、爱出风头的孩子更有可能让别人发现他们的优点，也更有可能适应现代社会的激烈竞争。

但是，凡事总有两面。爱出风头的孩子容易产生虚荣心，在积极表现自己的同时，往往忽略了要尊重他人，自觉或不自觉地强占了其他同伴的表现机会，最终影响人际关系，因此在人际交往中容易碰壁。

说到底，孩子爱出风头是好是坏，还是一个"度"的问题。父母既不要太限制、压制孩子爱出风头的行为，也要教他学会控制自己，"出风头"不可太过。

根据"爱出风头"的表现，我们列举其中的几种类型，分别"对症下药"：

1. 孩子的眼里只有自己。具体表现为：老师带小朋友做游戏，他总想挤到前面去；老师在讲故事，他会不停地插嘴；大家一起照相，他总要做出各种鬼脸……总之，他不会想到他的这种行为给别人带来了不好的影响。虽然这样的孩子聪明机灵，个性鲜明，但有时也会招致别人的反感。父母要引导他学会控制自己。比如，全家人一起吃饭，他总是抢话头，使得别人没有机会说话。你就要告诉他："妈妈正和奶奶说话呢，你过一会儿再说。随便抢话、插话是不礼貌的行为。"和小朋友玩也一样，要教他学会等待。比如，他总是占着公园里的设施不肯下来，你要告诉他："你已经玩了很长时间，该轮到别的小朋友玩了。"

2. 不能忍受自己不如别人。如果你当着孩子的面，称赞他的堂哥、表姐或者其他小朋友，他就感觉不舒服。然后，他会说他们某某方面不如自己。这表明，他不能忍受自己不如别人，他所表现出来的自信是一种假象，事实上，他的内心还是很脆弱的，害怕自己失去在别人心目中的最佳位置。这种情况下，父母要注意：不要让他总是和比他能力弱的孩子一起玩，或者和他们相比较。如果他的周围有小朋友绘画特别好，或者骑车很棒，你可以鼓励他多和他们接触，但不要让他们竞争。同时告诉他，别人的长处并不会影响他的价值，每个人都有不同的长处。可以对他这样说："天天踢球踢得很好，可是你骑车很棒呀。你们要是在一起，都可以组成一个运动队了。"

3.喜欢大家都围着他转。要是身边没有一大堆人围着，对他的表现又是鼓掌又是喝彩，他就会感觉自己被抛弃了。因为他习惯了被众人"追捧"，习惯了做主角，无法忍住做配角。这种情况下，就要让孩子多参加那种需要与人配合、分享的活动，让他慢慢明白，很多事情的成功都需要每个人的参与，而不仅仅是他的个人表演。

除此之外，对于本来就爱张扬、爱表现的孩子，父母不要对他的每次成功表现都给予过分的称赞，甚至可以不称赞。否则，会更加助长他爱出风头的个性。

当孩子因为爱表现，在人际交往中碰壁时，父母要抓住机会进行引导教育，让他知道，凡事都有度，争强好胜没有错，但同时也要有合作精神，考虑到别人的感受。

总之，对于爱出风头、争强好胜的孩子，父母不必过度紧张，更不可粗暴打击，只要适时点拨，恰当引导就好。

划重点

爱出风头的几种表现：

· 孩子的眼里只有自己。

· 不能忍受自己不如别人。

· 喜欢大家都围着他转。

父母怎么做？

· 孩子爱出风头是好是坏，是一个"度"的问题。

· 父母既不要太限制、压制孩子爱出风头的行为，也要教他学会控制自己，"出风头"不可太过。

孩子在外面挨了欺负，父母怎么处理？

作家柏邦妮曾经分享过自己小时候被欺负的经历。她说，读小学的时候，有一次上体育课，一个男生当着全班同学的面把一个篮球砸到她的头上，她没有勇敢地反击。从那天起，每节体育课，那个男生和他的小团体都会欺负她。她再次软弱地选择了不上体育课来逃避。多年后，当别人提起这段往事时，她依然会号啕大哭。

孩子的世界同样存在"马太效应"，即强者越强，弱者越弱。越是隐忍，越是沉默，就越会成为被欺负的对象。

如果时光可以倒流，一定要告诉那个小小的自己——要大胆发声，寻求老师和父母的帮助，证明自己不是一个软弱的人。

不伤人是一种教养，保护自己不受伤害是一种气场。

我们需要教养，更需要捍卫自己权益的气场。

　　为什么有的孩子特别容易被欺负？回想一下，从小到大，班里那些"受气包"身上自带招"黑"体质：胆小，唯唯诺诺，缺乏自我意识；被父母过度保护，一有问题就手足无措；从小缺爱，不自信。

　　如果你希望孩子有教养，同时又有气场，要注意以下几点：

　　1.爱和尊重。原生家庭是培养孩子的土壤，如果你不想养出一个受气包，就要确保孩子在充满爱与尊重的亲子关系中成长，而不是在暴力和权力控制的环境中长大。

　　2.永远做孩子坚强的后盾。孩子的玩具被抢走，或者被打了几下，不是因为他没用，而是遇见了"小霸王"，更是因为没有人为他撑腰。父母应该让孩子知道，任何时候，有困难都可以向爸爸妈妈求助。你欺负我，我妈妈会出面！为什么留守儿童挨欺负的多？很大原因就是他们的爸爸妈妈不在身边！

　　3.从应对欺负中提高自己的情商。如何保护自己不被人欺负非常考验孩子的情商。有心理学家总结，爱欺凌他人的"小霸王"一般都自尊心低，缺乏同理心，心理上有一种要当老大的冲动，他们过火的行为可能只是想试探一下别人的底线。如何对付这些小霸王呢？父母可以告诉自己的孩子：挑事者都是通过挑衅别人来显示自己的强大，如果受害者情绪失控，恰恰正中他们的下怀。所以，面对欺负，要保持冷静，尽量淡然处之。既不攻击和贬低对方，也要维护自己的尊严。简单地说就是：不卑不亢。

4.懂得保护自己，也要保持善良。不管自己是强大还是弱小，都要拥有一颗善良的心。

有一位父亲告诉孩子，世界上的人分为三类：羊、狼和牧羊犬。有些人认为邪恶是不存在的，所以当邪恶降临时，他们不懂得保护自己，这些人属于羊。然后，掠食者出现了，他们使用暴力，掠夺弱者，这些人是狼。还有一类人，他们拥有保护羊群的天性，他们是稀有的、能和狼对抗的人，这类人是牧羊犬。

面对这个不完美的世界，愿孩子做一只"内心柔软而有原则，身披铠甲而有温度"的牧羊犬，保护好自己，不进一寸，也不失一毫。

划重点

希望孩子有教养又有气场，父母怎么做？

· 确保孩子在充满爱与尊重的亲子关系中成长。

· 永远做孩子坚强的后盾。

· 教孩子从应对欺负中提高自己的情商。

· 教孩子懂得保护自己，也要保持善良。

孩子的社会化程度取决于
父母的社会化程度

孩子不愿意和别人来往；孩子的心中只有他自己，没有他人；孩子惧怕生人，怕和陌生人来往……作为父母，你有没有观察过孩子是否社会化不足？

一般情况下，社会学家把一个人从出生到成人的过程称为"社会化"。简而言之，一个人刚出生时是"动物人"，正是通过人与人之间的相互作用和影响，才慢慢从"动物人"变成"社会人"。

美国精神病学会给儿童制定的"社会化"诊断标准如下：

1. 至少有一个同龄的朋友，并且友谊至少维持6个月。

2. 在没有利益关系的情况下能够主动帮助别人。

3. 做了错事，造成了明显的不良后果，但未被人发现的时候，能够主动认错。

4.别人做了对自己不利的事时，能够原谅别人，不指责也不告状。

5.对朋友或同伴关心，或者能够分享别人的幸福和快乐。如为别人生日、考试成绩优异、获奖等感到高兴，主动向别人祝贺。

一般来说，在上述五条标准中，6岁以下儿童应至少符合一条；7～12岁的孩子应至少符合两条；13～18岁的孩子至少应符合三条。如果孩子在成长过程中达不到上述要求，就可以认为是社会化不足。社会化不足，就是一定程度上的"孤家寡人"，不善于与人交往。

一般认为，很多精神卫生问题都与社会化不足有着密切关系。如果一个人的社会化程度很高，就可以减少心理障碍的发生。

所以，父母在教育孩子的时候不要一味追求孩子学习好、听话，同时也要关注孩子的心理，重视孩子与朋友的相处，引领孩子逐步社会化。

我们可以从以下几方面来引领：

1.做孩子的典范。孩子的社会化程度取决于父母的社会化程度，父母要做好孩子的典范。孩子的模仿能力很强，当孩子看到你和别人侃侃而谈、积极交往，就会模仿你，无形中，你起到了示范作用。早晨等电梯的时候，碰到别人的时候，主动问候，然后跟孩子分享你是如何做到的，孩子不是一夜之间就能学会交际的，是一天天的积累。

2.引导孩子与他人交往。比如，每次带孩子出去的时候，带上一个好玩的玩具，吸引别的小朋友和孩子玩。通过类似的方法，积极创造孩子与同龄人接触的机会及玩耍的氛围。

3.让孩子多接触社会。社会生活从孩子出生那一刻起就开始了，学校里、家庭里、社会上，孩子一生中会接触到形形色色的人，他们都是独立的个体，与他们交往，可以让孩子积累更多的社交经验。父母可以让孩子接触不同年龄段的孩子，与大孩子交往，孩子会迅速成长；与小孩子交往，可以培养孩子的爱心和耐心。当然，孩子也可能从其他孩子身上学到一些不好的言行，这看似不好，其实对孩子也是有利的，让他们看到了社会的不同面，知道了社交生活的复杂性。但对孩子不好的言行，父母还是要及时纠正。

4.鼓励孩子多参加体育活动。尤其是参加一些团体体育活动，是非常好的社会化途径之一。如果不重视儿童社会化培养，会出现这种情况：孩子虽然学习成绩很优异，但缺乏必要的合作精神，不懂得关心他人，社会生活自理能力与年龄不符，缺乏社会适应性。长大后人际关系会很糟糕，在未来的社会生活中也会遇到更多的问题。如果人的早期社会化失败，还可能会导致反社会人格的出现。

划重点

引领孩子逐步社会化，父母怎么做？

- 做孩子的典范。
- 引导孩子与他人交往。
- 让孩子多接触社会。
- 鼓励孩子多参加团体体育活动。

第四部分

让孩子受益终生的能力

如何让孩子充满自信？

1968 年，美国著名的社会心理学家罗森塔尔和他的同伴做了一个实验。他们先对 3 个班的学生做了简单的测试，然后从中随机挑选了一些学生，并以专家的身份告诉班主任："通过调查研究，我们认为这些学生会在下个学期的学习中有较大进步。"

8 个月后，罗森塔尔和同伴再次对这些学生进行测验，发现那几个随机挑选出来的学生确实取得了很大的进步。不仅如此，老师对他们的品行也给予了较高的评价。这就是心理学上"自证预言"的实验。

"自证预言"的力量使得几个很平常的学生在仅仅 8 个月就表现出了显著的进步。这个预言的意思是："如果人们相信某件事情会发生，那么这件事情最终真的会发生。"

自证预言是心理学上的概念，通俗来说就是——"相信自己"具有巨大的力量！

那么，如何让孩子相信自己呢？

首先，父母要学会适度放手，让孩子对自己的生活有自主性。父母的过分保护，会造成孩子对父母的过度依赖，导致孩子怀疑自己的价值和能力，无法正确认识与评价自己。所以，父母不能凡事都替孩子去做，因为这会毁掉孩子的自信，使他不相信自己有能力做好事情。

我曾经接触过一个非常不自信的女孩，她的学习成绩永远都是倒数三名，自立能力几乎为零，17岁了还不敢自己过马路，一定要妈妈领着。经过了解，我发现她的父母并不强势，而是因为一个特殊的原因：她的叔叔在幼年时因车祸去世，而且还是她奶奶骑自行车带着她叔叔，被卷到卡车轮子下边导致的。这个巨大的阴影一直笼罩着这个家庭，所以她的父母不敢让她尝试任何事情，禁止她探索一切，生怕她出现一丝危险。这种过分保护，使她失去了自立能力，也失去了自信。

一个人如果连自己最基本的事情都处理不了，他又如何自信？所以，培养孩子自信的第一步就是教他自立，让他不要一味依赖别人，能够掌控自己的生活。这种掌控感是孩子建立自信的基础。

其次，要对孩子"残忍"一点，培养孩子的自理能力。都说穷人的孩子早当家，寒冷的冬天，当有的孩子还在热被窝里熟睡时，有的孩子早已起床为家人做饭洗衣。这看来可能有些"残忍"，但正是这看似残忍的教育方式，让孩子从小就有了超强的自理能力。

相比之下，现在很多父母对孩子显得过于"温情"，帮孩子把一切都处理好，把孩子学习和生活中的方方面面照顾得无微不至。后果就是，孩子失去了自理能力。

我儿子上小学三年级时，每晚课外班 8 点才放学，按道理说，我应该去接他。可为了锻炼他，我在带他走过一次从学校到家的夜路后，就"残忍"地让他独自穿过校园，换乘地铁回家。不要小看这种锻炼，这一路上，他要克服对黑暗的恐惧，要记住回家的路线，要对途中可能出现的危险做出判断，这无形中锻炼了他的自理能力。

父母的长期代劳，还会让孩子患上"习得性无助"。

1967 年，为了研究抑郁症，美国心理学家做了一个著名的实验。他把狗关在笼子里，只要仪器一响，来自地板的电流就会对狗施加电击。狗无法逃脱，只能痛苦挣扎。反复几次后，只要仪器一响，还没有开始电击，狗就开始趴在地上痛苦呻吟。后来，实验人员把笼子的门打开了，但奇怪的是，狗依然承受着电击的痛苦，完全没有意识到逃跑。

明明笼门是打开的，狗却失去了逃生的本能。这是因为之前的反复电击，给它造成了巨大阴影，使狗认为自己完全没有办法摆脱遭受电击的命运，只能被动接受。研究人员将这种现象命名为"习得性无助"。

当孩子出现"习得性无助"时，也会发生类似的反应。如果孩子在持续受挫的环境中长大，就会认为自己不够优秀甚至无能，并无力改变这一点。比如父母或老师一直批评孩子，那么孩子就会认同父母或老师的评价，并且认为"无论我多么努力，都会考得很差"。当他面对挑战时，往往会选择放弃，因为他认为自己不可能成功。

该如何让孩子避免这种"习得性无助"呢？

首先，要无条件接纳孩子。无论孩子健康还是疾病，聪明还是愚笨，听话还是捣蛋，漂亮还是丑陋，学习成绩好还是坏，父母都要爱孩子。要让孩子感觉到，你爱他仅仅是因为他是你的孩子，跟他是一个什么样的孩子没有关系，那么孩子无论何时何地都会充满自信。但如果你对孩子的爱是有条件的，只有孩子优秀，你才爱他，那么孩子就无法真正自信，因为他只有在达到你要求的那一刻才有可能自信。无条件的爱和"习得性无助"完全相反，前者是完全接纳孩子，时刻相信孩子；后者是时刻打击孩子，让孩子无论如何也不相信自己。

其次，帮助孩子树立自尊。因为自信的孩子都有很强的自尊意识。

闺密的女儿在美国一家公司工作，她发现身边有些同事总是自信心爆棚，开会的时候各抒己见，豪情万丈，这些同事很容易在工作中取得突破性进展。相比较起来，她总是显得沉默谦虚，还动不动就自我反省，也因此失去了很多机会。她很疑惑，为什么这些同事都这么自信呢？一直到她自己的孩子上了幼儿园，她才恍然大悟：孩子所在学校的老师特别尊重孩子，不轻易公布考试成绩，肯定孩子的每一点进步，不在孩子之间做比较，而是让孩子自己跟自己比较，孩子的自尊心得到了非常好的保护。在这种环境下长大的孩子，有很高的自我认可度。

上海一所小学推行过一个活动，叫"无表情发卷"，即老师或课代表发卷子的时候脸上要没有任何表情变化。不但不公布成绩，发卷子时还不能用细微的表情变化伤害成绩差的孩子，我想这在某种程度上就是对孩子自尊的保护。

总之，帮孩子树立自信，就是不操控孩子的生活，无条件接纳他，给他最大的肯定和尊重，保护他的自尊，让他在生活的小事中获得成就感，逐渐建立起"我能行"的信念，而这种信念就是自信。

 划重点

如何让孩子相信自己？

· 父母要学会放手，让孩子对自己的生活有自主性。

· 要对孩子"残忍"一点，培养孩子的自理能力。

· 无条件接纳孩子。

· 帮助孩子树立自尊。

孩子的注意力已经不集中了，还能改吗？

　　我认识一位家长，她有一个 10 岁的儿子。她经常向我抱怨孩子上课不专心听讲，有时上着上着课就钻到课桌下面去了。她怀疑她的儿子得了"注意力缺陷多动症"。还有一位家长，说她的女儿虽然上课不专注，但看起电视来却可以坐一个小时不动弹。她们反映的共同问题是：孩子一学习，注意力就不集中。

　　我们先来看看"注意力"的科学定义。人的智力有五个因素：注意力、记忆力、观察力、想象力、思维力。注意力是其他四种智力因素起作用的先决条件。也就是说，注意力是记忆力、观察力、想象力、思维力的基础，而四种智力因素是注意力的结果。有了注意力，人们才能集中精力去清晰地感知事物，深入地思考问题，而不被其他事物所干扰。所以，培养孩子的注意力非常重要。

儿童的注意力不集中这个问题具有普遍性。一项针对我国 660 座大中城市的调查显示，我国有 75% 的儿童存在着注意力问题，其中有 42% 的儿童上课时不能很好地集中注意力，60% 的儿童不能坚持听课 35 分钟以上。注意力不集中成为儿童学习障碍的首要因素。

为什么孩子普遍都有学习注意力问题呢？原因很多。如孩子对所做的事情不感兴趣、周围的环境干扰、任务或作业太多，这些都会让孩子无法专注。还有一个重要的原因就是父母不当的教育方式。

很多父母都喜欢陪着孩子学习，在陪伴的过程中时不时地提醒孩子不要这样，不要那样，但这对孩子来说就是一种干扰，反而分散了孩子的注意力。同时，陪伴和督促会让孩子对父母产生依赖性：我不需要操心，父母都会替我安排好。正如一位教育专家所说："有的孩子学习拖拉，正是由于父母过分关注他们做作业，甚至包办代笔造成的。"是的，如果孩子学习时，家里特别安静，旁边没有人指指点点，孩子是不是更容易专注了？如果父母有专注读书学习的好习惯，那就更好了，孩子耳濡目染，就更容易专注了。

所以，孩子的学习专注力，有时是被父母毁掉的。

那么，如何重新培养孩子已经被毁掉的注意力呢？

有一个简单易行又有效的方法，叫"舒尔特方格"。在一张纸上画 25 个方格，任意填上 1～25 这 25 个阿拉伯数字。然后，让孩子用手指按 1～25 的顺序依次指出数字的位置，同时诵读出声，爸爸妈妈则在一旁记录孩子数完 25 个数字所用的时间。用时越短，说明注意力水平越高。以 7～10 岁年龄组为例，能在 26 秒以内完成者为优秀。

训练中，孩子为了准确快速地寻找到目标数字，注意力需要高度集中。经常做这个练习，可以巩固和提高孩子的注意力。建议爸爸妈妈和孩子一起玩这个游戏，并每次记录时间，这样可以增加竞技性和趣味性，让孩子更愿意积极投入训练。

除了训练，父母还需要注意哪些环节呢？

第一，给孩子一个干净、整洁、无干扰的环境。孩子的书桌上要简洁，只放书本和学习用品，不可摆放玩具、食品；孩子们都喜欢颜色鲜艳、图案精美、功能多样的文具，但这会干扰他们的注意力。所以，文具不宜过于花哨，稍微简单些就好，以免孩子把它们当作玩具来玩；孩子的书房也要收拾得简洁明快，不需要的东西尽量收起来。

第二，不要在孩子学习或者玩耍时以任何理由打扰他（安全问题除外）。有些父母特别喜欢在孩子写作业时，一会儿给他削一个苹果，一会儿给他送杯水或牛奶，认为这是在关心孩子，其实是在打扰他。另外，父母尽量不要在家里打牌、搓麻将、看电视，这些都会影响孩子的注意力，让孩子心烦意乱。

第三，将定时完成学习任务改成定量完成。如果孩子能够专心完成作业，父母可以给予他一定的表扬、拥抱、亲吻等，并让他休息5～10分钟。然后再以同样的方式完成后面的学习。如果孩子做得很好，可以延长一次性集中做题的时间，并要求孩子在审题的过程中，把题目的要求、条件用笔勾出来，以防走神出错。这些都可以增强孩子的自信，让他感觉"我能自觉集中精力做好一件事"。

第四，让孩子学会大声读书。每天安排一段时间（10～20分钟），让孩子大声朗读他们喜欢的文章，因为专注需要口到、眼到、脑到、心到，孩子要想不读错、不读丢、不读断，这几样就要互相配合，不知不觉间，专注力就得到了锻炼。

✏️ 划重点

如何重新培养孩子已经被毁掉的注意力？

· 给孩子一个干净、整洁、无干扰的环境。

· 不要在孩子学习或者玩耍时以任何理由打扰他（安全问题除外）。

· 将定时完成学习任务改成定量完成。

· 让孩子学会大声读书。

· 舒尔特方格游戏法。

是否拥有创造力将决定孩子未来的潜力

随着人工智能的到来，人类未来面临的竞争环境会十分严峻。那么，未来孩子的核心竞争力是什么呢？是创新、创造能力。孩子是否拥有创新创造能力，将决定他是否有一个美好的未来。

简单来说，创造力就是强烈的好奇心、开放的思维、勇于挑战的勇气和善于归纳的能力，而这些能力非常适合在孩童阶段就开始培养，尤其是 5 ～ 14 岁，这是激发和训练创新创造能力的黄金时期。

但可惜的是，传统教育非常缺乏对儿童创新创造能力的培养，大部分父母也不重视，并没有在这个黄金时期培养孩子的创新创造能力，更多的是培养他们的记忆能力，很少给予孩子探索开拓的空间和机会。

那么，如何培养孩子的创新创造能力呢？

第一，给孩子自由想象的空间。不评判和干涉孩子的想象和梦想，让他自由自在地沉浸在思维的世界里，任思绪尽情飞扬。为此，父母应该为孩子营造宽松愉悦的家庭氛围，而不是压抑的、紧张的，甚至是恐怖的家庭氛围。

有两种家庭氛围都不利于孩子发展自己的创新力：一种是父母说了算，孩子没有发言权、决策权，包括对自己力所能及的事情的决策权；另一种是孩子说了算，所有家庭成员都围着孩子转，孩子怎么说父母就怎么办。这种家庭看上去孩子有决策权，但本质是父母不承担教养责任的表现。

只有民主、自由的家庭氛围下的孩子才可以畅所欲言，大胆思考，从而拥有创新精神。

所以在孩子的成长过程中，父母需要做到理解、支持、信任、不焦虑、不打扰。只要孩子的探究活动没有产生不良影响，就不必干涉。比如孩子画画，父母觉得苹果是圆的，孩子画成方的，这并没有什么不良影响，只是视角不同。

第二，经常带领孩子接触新鲜事物。见识是创新能力的基础，没有见识，对外面的世界一点儿也不了解，即使智商很高，也不一定有创新能力。父母可以根据孩子的年龄和生活环境，时不时带孩子接触各种新鲜事物。家在农村的，可以带孩子去城市见识一下高楼大厦、纵横交错的桥梁道路；住在城市的，可以带孩子去农村见识一下作物生长、家畜家禽和田园风光，或者到更广阔的大自然中见识各种各样的花鸟草虫。认识的事物越多，想象的范围就越宽广，就越有可能触发想象的灵感。天天把孩子关在家里，只让孩子写字背书，则有可能把孩子培养成书呆子。

第三，鼓励孩子大胆进行探索性玩耍。玩是孩子的天性，要利用孩子的这个天性激发他的创造力。尤其是探索性玩耍，如益智玩具、探索夏令营等，鼓励孩子在玩中探索未知的世界，并为他们创造这样的条件，必要时父母可以和孩子一起探索。

第四，正确对待孩子的各种提问。孩子从会说话起就会提问，他们的问题在大人看来有的十分荒唐，有的可能让我们无法回答，但我们不能因此讥笑或敷衍他们，而是要认真对待，力求给孩子一个满意的答案。

推荐叫作"大侦探"的游戏训练孩子的创造力。

这个游戏就是列举两个毫无关联的事物，然后让孩子在这两个事物之间建立关系，形成一个新的事物或者新的想法。

我和儿子曾经玩过这个游戏。

第一次玩这个游戏时，我告诉儿子："你知道吗？所有的事物之间都可以建立起关系，这是一件非常有意思的事情。"

儿子很好奇。我让他随便想六个常见的东西，他想到了书、水杯、香皂、西瓜、小狗、小轿车。我们把这些词写在一张纸上。然后我说："你随便把其中两个词连起来。"儿子在"香皂"和"小轿车"之间连上线。

我问儿子："你觉得这两样东西之间能有什么关系呢？"

儿子想了半天，愁眉苦脸地说："香皂和小轿车能有什么关系啊？"

我启发他："车子脏了，可以用香皂水洗车，也可以把香皂水当汽油用，给车加香皂水。"

儿子立刻打断了我："香皂水怎么能当汽油用呢？"

我知道，他的创造力受阻了，我需要帮他打通通道，这才是这个训练的目的。

我告诉他："现在咱们觉得这是不可能的事情，但是以后也许科学家就能发明出可以加香皂水的汽车了。到那时，咱们不用再去加油站加油，在家就可以给汽车加香皂水了。"

听我这么一说，孩子马上明白如何在事物之间建立联系了。然后他的创造力完全被打开了：用香皂盒做小轿车，废物利用、节约材料；把洒水车的轮子换成香皂轮子，清洁道路时能清洁得更干净；用香皂水的泡泡把小轿车包起来飘到空中，让小轿车在天上开。哇！他的最后一个想象太富有创造力了！

可以看出，这个训练并不是简单地把两个东西生硬地扯到一起，而是利用每种东西的性质、作用、形态等让它们产生联系。如果只让孩子盯着小轿车，他想不到用什么办法才能让小轿车在天上开，甚至根本想不到让小轿车上天。但是通过这个训练，孩子就能找到突破点，让两个本来没有任何关系的事物产生联系。

我让儿子继续在其他事物之间找到联系。儿子冒出了很多稀奇古怪的想法：把"水杯"和"西瓜"连起来，培育一种新型西瓜，西瓜里面装着的不是西瓜瓤，而是西瓜汁；把"香皂"和"书"连起来，可以用香皂洗书，能把书洗干净，但不会洗湿洗烂。

我们把这些想法都记录了下来。我问儿子："你觉得哪些想法现在就可以实现？"

他想了一会儿，觉得可以用香皂盒做小轿车，于是我们把玩具汽车的轮子卸了下来，装在香皂盒上，做了一辆香皂盒小轿车。做完之后，他觉得不过瘾，又找来一个大纸箱，做了一个纸箱小轿车。他还在上面涂了颜色，贴上贴纸，做了车门，自己还能钻进去。

这就是一个具有创造力的想法从诞生到实现的过程。创造不只是给出一个想法，还要通过实践来证明和检验这个想法是可行的，不然就沦为了空想。在实践的过程中，孩子需要进一步思考，怎样把想法变成看得见摸得到的具体事物，这就需要给创造性的想法增添很多细节，并且判断哪些细节可行，哪些还需要再调整。在这个过程中，孩子的创造力会进一步被激发。比如，儿子一开始计划把纸盒车的车门安在前面，结果操作的时候发现这样车轮没法装，于是他就把车门调整到了中间。

可见，只要给孩子机会，他的创造力就会源源不断地被开发出来。

划重点

如何培养孩子的创新创造能力？

·给孩子自由想象的空间。

· 经常带领孩子接触新鲜事物。

· 鼓励孩子大胆进行探索性玩耍。

· 正确对待孩子的各种提问。

自律的孩子多是自由的

心理学上有个著名的棉花糖实验：实验人员让几个 4 ~ 6 岁的孩子待在一个房间，告诉他们，你们每个人面前放着一块棉花糖，你们可以随时吃掉它，但如果你们能等到出去一会儿的实验人员回来的话，就能得到两块棉花糖。

实验开始后，有的孩子立即大口吃掉了棉花糖；有的坚持了一会儿，最后没忍住；有的孩子不断用唱歌、自说自话的方式转移注意力，坚持到最后，得到了两块棉花糖。

实验结束后，对这些孩子跟踪调查发现，能坚持到最后的孩子明显比其他小孩更自律，而那些立即吃掉棉花糖的孩子，则表现出较差的自制力，也不善于应对压力、注意力不够集中……

自律的人各有各的幸福，不自律的人的痛苦却大同小异。自律性所体现出来的自制力，是一个人获得更高成就必须具备的重要品质，它决定着一个人日后的学业乃至他的一生是否成功与幸福。每个人的人生高度都和自律密切相关。

对于孩子来说，自律和专注力同样重要，没有良好的自我控制、自我管理的能力，很难完成自己定下的目标。

但是，没有天生就自律的孩子，需要父母从小培养。

孩子自律形成的最佳阶段是在婴幼儿期，分为三个阶段：0～3岁是他律期，4～5岁是他律到自律的过渡期，5～7岁是自律关键期。

从他律到自律是需要时间引导的。培养孩子自律的过程中父母不能偷懒，更不能指望一个规则说了一两次孩子就能遵守，就能形成自律。

那么，家长们该怎么做呢？

1.给孩子建立规则，先从他律开始做起。

外界的规则起初是他律，但只要父母坚持执行，逐渐就会转化为自律。短期内可能会出现各种差错，就像孩子刚开始扣扣子、系鞋带，都没有家长代劳做得好。但如果我们能够承受这些小差错，给予孩子信任和支持，在必要的时候给予帮助，就能够真正帮助他们形成自律。在孩子还没形成自律以前，家长需要做到和孩子建立爱的联结、和善而坚定执行规则、爱的抱抱，以及鼓励、鼓励再鼓励。

孩子能明白我们只是在执行说好的规则而已，不会觉得我们是在针对他，故意不给他吃、不爱他。不断重申和执行规则，孩子是会遵守的。

很多时候我们给孩子们制订计划、委派任务，出发点都是为了孩子好。但如果不注意方式方法，让孩子感觉自己是被威胁、被强迫、被控制着做这些事情的，孩子很可能就会用"非暴力不合作"的蒙混战术，来进行消极抵抗。教育孩子，最忌讳的就是简单粗暴。一定不能让孩子感觉到家里所有的"规"，都是为他一个人"定"的。所以在制订计划的时候，可以多跟孩子沟通，给孩子更多的选择权、参与感和仪式感，引领着孩子入门。

生活中，你会发现，有许多自己活得活色生香的妈妈，她的孩子也非常成熟、非常自律。有人或许会说是因为孩子懂事，所以父母才能有时间做自己的事。但这其实是颠倒了因果：孩子之所以懂事、自律，恰恰是因为父母不把眼睛盯在孩子身上，这样孩子才能够保持内在的节奏，安排好自己的生活。

我们经常会说一个概念——"尊重界限"。如果是孩子自己的事，就应当尊重孩子的界限，让他做主。如果涉及父母和孩子双方的事，则需要与孩子协商。比如父母送孩子上学，需要考虑自己上班的时间，那就得跟孩子商量，定好一个出门的时间。至于孩子几点起床、几点睡觉，那是他的事，就让他自己做主。在这种原则下成长起来的孩子，就是大家眼中的"自律"的孩子。所以，每个发自内心自律的孩子，都是被充分尊重、给予自由的孩子。

德国有一个著名的 62 条教养规则，充分说明了什么是"尊重界限"，比如：

孩子丢三落四怎么办？德国父母：不提醒、不帮忙、不管他！

孩子花钱如流水？德国父母：对账本！多花的钱，就扣回来！教会孩子，多花的每一分钱都是父母的。

孩子不好好吃饭，怎么办？德国父母：不好好吃饭，就得挨饿！

看过之后你会发现，德国父母其实很轻松，就是不管，让孩子自由，在自由的精神状态中，孩子慢慢恢复自主精神，自己为自己负责，形成自律。

我们说"给孩子爱和自由",不仅是为孩子好,更重要的是放过我们自己。如果我们把所有注意力都放在孩子身上,就等于给自己建造了一座监狱。在这座监狱里,孩子不得自由,我们也失去自由。

2.父母做好表率。

自出生以来,孩子就会受到父母以及周围其他成人的强烈影响。成人在孩子面前所做的事情决定着他们的成长和发展。孩子本能地去模仿大人,模仿他们所看到的一切,就像我们大人看见别人打哈欠自己也会情不自禁跟着打哈欠一样。

孩子在7岁前实际上是一个观察者。如果有人对着孩子或当着孩子的面发脾气或暴怒,这个暴怒的图景会深深进入孩子的内心,会一辈子留在孩子身上。责骂、威胁和喊叫并不能帮助孩子建立规矩,实际上,这些方法只会减弱他们以后面对生活的能力。这些体验带给他们的是害怕,如果害怕经常发生,孩子就会设立屏障来保护自己。当他们的心灵变得坚硬起来,我们会发现似乎很难进入他们的内心。

划重点

如何培养孩子自律？

· 给孩子建立规则，先从他律开始做起。

· 父母做好表率。

提升孩子的共情能力

"共情"这个词，近年来是个热词。

什么是共情，或者说什么是共情能力呢？

共情（empathy）是一个人能够理解另一个人的独特经历，并对此做出反应的能力。共情能够让一个人对另一个人产生同情心理，并做出利他主义的行为。共情是人类根源于基因的一种天赋：共情并不是一种情绪，也不是一种感受，而是人类与生俱来的一种能力。

共情，就好像我就是他，我能够用他的眼睛看他的世界及他自己，而不能把他看成物品从外去审核、观察，必须能走进他的世界里，从内部去体认他的生活方式、目标与方向。

为什么时代发展到现在，要特别强调共情能力呢？

20世纪是信息时代，21世纪则是概念时代。在信息时代，人们注重左脑与逻辑，而在概念时代，人们更注重右脑与情商。未来的时代是高感性的时代，高智商不如高情商，正是情感将人类与计算机相区分开来。

商业思想家丹尼尔·平克，提出了未来世界要具备的六项"高概念"和"高感性"能力：设计感、故事力、交响力、共情力、娱乐感和意义感。其中最重要的一项便是"共情力"——与他人产生共鸣的能力。

共情能力分为多个层次，简单来说，可以概括为两个层次：低级共情和高级共情。

低级共情包含：问题、安慰、否认或建议。

高级共情包含：理解、指导和行动措施。

对于共情能力的提高，最重要的就是理解和倾听。共情是理解另一个人在这个世界上的经历，就好像你是那个人一般。但同时，你也要时刻记得，你和他还是不同的，你只是理解了那个人，而不是成为他。共情还意味着让你所共情的人知道你理解了他。

记得有一次看综艺节目《向往的生活》第二季，节目组请来了运动员武大靖和韩天宇。作为运动员，他们因为训练比赛，八九年都未曾回家过年。为了保持身材，他们严格控制体脂，基本不能吃猪肉。

对此，很多人可能觉得不以为然。但是，主持人含泪说出一番话的时候，在场的每个人眼眶都湿润了。他说："我对于运动员都是高看一眼的。为什么？因为他们是在绝大多数人都忍受不了孤独的情况下，在绝大多数人都不知道的情况下，带着一个自己根本决定不了的梦想在努力。"

俗话说：如人饮水，冷暖自知。运动员的心酸只有他们自己才知道。然而，细心的主持人，早就注意到武大靖那双畸形的脚。这双脚，被冰刀磨得伤痕累累，骨节超乎寻常地大，日积月累已经成为身体的一部分了。说这话的时候，能感受到主持人像心疼自己的孩子受伤了一样，几乎要哭了。这种对别人的遭遇感同身受，设身处地为他人着想，并做出积极反馈的行为，就是典型的共情。

共情体现了一个人植根于心底的修养，它需要时间的打磨和岁月的沉淀。一个人共情的程度，体现了他爱这个世界的深度。培养孩子的共情能力，是提高孩子情商和社会化的关键！

除此之外，共情能力还和孩子的阅读能力有着密切关系。如果没有共情能力，就不能投入地爱或者恨主人公，不能很好地理解作者当下的心境、情绪、思想等一切，也就不能很好地理解作者。没有深刻理解作者，阅读的兴趣也就无从谈起！

　　没有共情能力，就不能理解安娜·卡列尼娜的压抑；没有共情能力，就没有办法理解大诗人李白"君不见黄河之水天上来"的失意心情，也没有办法理解杜甫"会当凌绝顶，一览众山小"的豪言壮语；没有共情能力，就理解不了斯嘉丽对白瑞德忽冷忽热的态度，也理解不了词人李清照"倚门回首，却把青梅嗅"的娇羞。

　　因此，提高共情能力非常重要。不仅对情商重要，对孩子的学习力也很有帮助！

　　那么是不是有些人有共情能力，而有些人没有共情能力呢？不是的，共情能力人人都有，只不过有些人的共情能力是沉睡着的！父母如何做，才能唤醒孩子的共情能力呢？

　　共情不仅仅是一个心理活动，还是一个生理过程，在网络上我们很难做到感同身受，但是在现实中却可以，所以，要想提升共情能力，一定要回到现实生活当中去。在日常生活中，父母要多亲近孩子，尊重孩子的情感，认同和接纳孩子的情绪。这样，孩子才能学会感知自我和他人的情绪。

📏 划重点

· 提高共情能力非常重要！

· 共情能力不仅仅是阅读能力的关键，也是孩子情商提高和孩子社会化的关键！

父母如何做？

在日常生活中，父母要多亲近孩子，尊重孩子的情感，认同和接纳孩子的情绪。这样，孩子才能学会感知自我和他人的情绪。

训练思维能力，试试让孩子创作童话

您也许会觉得奇怪，创作童话跟思维训练有什么关系呢？经过多年的实践，我得出的经验是：帮助孩子们创作童话非常有利于思维训练！

什么是童话？"童话故事"一词在《辞海》中的基本解释是："经过丰富的想象、幻想和夸张来塑造艺术形象，反映生活，增进儿童性格的成长。"

幻想是童话的基本特征，而且是最丰富、最神奇的幻想。可以说童话集中了人类最大胆的幻想、最自由的幻想、最优秀的幻想。能驾驭童话的读者，长大后一定是具有想象力、创造力的人。另外，童话所提出的问题基本上是世世代代的人终有一天必须面对的人生问题：恐惧、死亡、不义、绝望、成长、寻找伴侣、追寻生活的意义……童话具有丰富的现实意义和情感色彩，它们比识字课本和有关"现实"的作文教材在表现形式上更为全面，更为丰富，也更为深刻。

不要轻视儿童的奇思异想，不要轻视儿童的童话创作，这不仅是他们认识世界的方式，也是他们理解世界的路径，是他们想象力的飞起，更是他们建立各种联系与逻辑的思维训练。

创作童话故事对孩子们来说是一种很有趣的和富有诗意的创造性活动。同时，也是开发智力的重要手段。

创作童话故事说容易也很容易，可以让孩子们从复述故事开始，等孩子有了一定的语言表达能力和逻辑能力后，父母可以和孩子们一起就熟悉的故事展开更多的思考，最终可以和孩子一起完成绘制故事的过程。

那么，父母该挑选什么样的童话故事来引导孩子呢？对于成长中的孩子们来说，好故事有一定的标准。

1. 故事要有因果关系。开头和结尾要有因果关系，行文要有严密的逻辑链，这样孩子在阅读中能慢慢训练逻辑思维。

2. 故事要有冲突。故事里的主人公一般要有个目标，然后很多事情会阻碍这个目标的实现，为了达成目标主人公要克服重重困难。有戏剧冲突才能吸引孩子的注意力。

3.冲突要多样化。好的故事剧情要多样化，就像《西游记》里的九九八十一难，没有重样的。

4.故事的人物角色尽量丰富。一个好故事要围绕各种有趣多样的角色展开，这样孩子才能通过故事来探索自己和他人的思维差异，揣摩不同人物的思维活动，孩子的社会情绪能力才能更好地发展。比如《西游记》就是个很好的例子，唐僧师徒四人就分别代表了人的四种思维模式。

总之，一个好的故事应该能够积极地开发孩子的大脑思维。孩子会想象自己就是故事中的人物，对内容会有认同感，喜欢听故事，而且听故事时全神贯注、极度投入。

当故事都已经非常熟悉时，父母可以尝试着让孩子学会使用平时收集到的信息，融入到故事中去，这其实是引导孩子对故事进行二次创作。

比如说小红帽去森林里看望外婆，从森林就容易联想到后面出现的野兽——狼。三只小猪中，猪老大盖了间草房，就会联想到草房的质量问题——不结实。卖火柴的小女孩在风雪交加的天气里，穿着单薄还要出门卖火柴，很容易联想到小女孩的结局——冻死。

这是因为大脑对故事有既定期望，我们相信凡事皆有因果，就算是孩子也知道故事中的情节不是偶然发生的。

发生一件事，孩子会仔细回想之前的情节，去努力做一番智力推理。童话故事里有很多这种中等难度的推论，孩子想一想就能够想出为什么，这个过程很容易让孩子有满足感，当他们爱上这种推论过程，思维能力就会得到提高。

对于孩子来说，他们的生活经验是有限的，直接接触的世界也是有限的，所以借助童话来认识世界，认识生活，认识形形色色的人群，对开拓视野和思维是个不错的方法。同时，故事中的语言成了表达孩子精神力量的实际形式，同游戏中的动作、音乐中的律动所起的作用一样。孩子不仅想听故事，而且自己也想讲故事，正如孩子不仅想听歌曲，而且自己也想唱，不仅想观看别人游戏，而且自己也想参加游戏一样，听多了看多了，自然就会了。

划重点

· 创作童话故事对孩子们来说是一种有趣的和富有诗意的创造性活动。

· 创作童话故事，也是开发智力的重要手段。

父母如何做?

· 首先可以让孩子们从复述故事开始。

· 等有了一定的语言表达能力和逻辑能力后, 可以和孩子们一起就熟悉的故事展开更多的思考。

· 最终可以和孩子一起完成绘制故事的过程。

阅读力是孩子强有力的学习竞争力

有研究证明，家庭作业越多，孩子可能会越笨。重复的练习是孩子最讨厌的事情，因为这只能提升孩子掌握知识的熟练程度，但是对孩子智慧的发展并无作用。而阅读是学习力的基石，是教育的根。一个孩子学习力的差异，很大程度上来源于阅读能力的不同。那些儿童时期聪明伶俐的孩子，小学初期出类拔萃的学生，到了初高中为什么成绩平庸？很大程度上就是因为他们从小没有阅读能力。

那么如何从小培养孩子的阅读能力呢？

第一，把握住阅读的"关键期"。

把握住了"关键期"，教孩子就会事半功倍，错失了"关键期"，教孩子就会事倍功半。苏联教育家马卡连柯曾经说过，教育的基础主要是5岁以前奠定的，它占整个教育过程的90%。所以，培养阅读能力也要注重孩子的关键期。这里的关键期是指在某一特定年龄时期孩子对某种知识或行为十分敏感，学习起来很容易，错过这个时期学习则会发生困难，甚至影响终生。可见，培养孩子的阅读兴趣，是一件刻不容缓的事情，下手越早，得益越早。

0～3岁，是阅读兴趣培养期。让小婴儿随时能拿到书，对于日后孩子与书建立起亲近感非常重要。孩子3个月大的时候，就可以让他接触一些图案大、色彩鲜明的布书；等到孩子能坐起来的时候，可以让他们对彩色的识物大卡、大画幅的图画书等一些可"读"之物保持接触；等到了8～10个月，孩子能滚、能爬时，你就会发现，他开始会偶尔拿起他的图画书，像模像样地翻看了。尽早开始这么做，然后一直保持。到孩子1岁，开始学走路、说话时，他会偶尔专注地拿着他的书"阅读"一会儿。孩子越大，"阅读"的时间就会越长，如果再辅以大人的帮助、讲解，他会发现，原来"书"也是好玩具呢。之后的2～3岁，父母逐渐增加孩子在日常生活中可以接触到的适龄童书，这样，孩子慢慢就会把"看书"当成自己生活的一部分。

3～6岁，是语言关键期。这个时候是孩子学习口头语言的关键期，父母要经常跟孩子说话、讲故事、提问，鼓励孩子多说，促进孩子的理解和表达能力。

8～14岁，是黄金阅读期。5岁左右，儿童开始由看图发展到识字，是孩子进入独立阅读的过渡期；5～7岁，孩子进入大量识字的阶段；8～10岁，进入自由流畅阅读的阶段。在经历了识图期、由图向文的转变后，孩子初步建立起自己的阅读兴趣，然后在小学中年级（3～4年级），孩子进入他一生中第一个，也是最重要的一个黄金阅读期。

这是每个人在一生中，由于生理、心理、教育的发展，存在的一个最佳阅读时期。这个时期一定要让孩子大量阅读，这将对孩子的成长和学习力大有好处。

第二，为孩子"选好书"。

我在接触了很多不爱阅读的孩子后发现了一个共同的特点：父母为他们选书出现了问题。孩子不爱阅读大多是因为他们不喜欢这本书，或者父母帮他们选的书不是他们感兴趣的！

关于如何选择书籍，有下面一些小技巧与大家分享：

1.要选择孩子感兴趣的书籍，这是孩子选书的核心标准。

　　如果父母的选书标准和孩子的兴趣产生了分歧，请务必尊重孩子的兴趣，而且一定要保护好孩子的阅读兴趣，千万不要贬低否定！有钱难买孩子的兴趣，兴趣的产生很难，消失也不容易，兴趣只可以引导，不能强迫！我遇到过很多强行干涉孩子自主选书的家长，孩子最终都放弃了阅读，十分可惜。我的观点是，即便现阶段孩子阅读的书目你觉得有问题，你也跟孩子建议了，他依然坚持自己的兴趣，也请你尊重孩子，只要阅读的内容是健康的，就不要强行干涉！那些以伤害孩子阅读兴趣来强行限制孩子阅读的父母，做法都是欠妥当的。

　　2.看出版社。

　　选书时选择出版社就有点类似于我们买衣服挑选衣服品牌。比如，我在给自己挑书的时候，就会选类似上海译文出版社、三联书店、商务印书馆、中华书局等书籍品质相对较高的出版社。而像二十一世纪出版社、北京联合出版社和接力出版社在少儿书方面也比较在意自己的"品牌"，对出版的书籍质量会层层把关。

　　3.看书评、看知名网站的评分、看家长论坛的评价。

　　对于这一点，相信大多数人用得也比较多。比如说像豆瓣读书，书籍涵盖面广，并且已经发展得很成熟了，上面的评分和书评有比较高的参考价值。

经过以上重重筛选，我们基本能够筛选出值得我们读的好书。

4.分级阅读指导。

什么是分级阅读？

分级阅读，就是家长或老师按照孩子不同年龄段的智力和心理发育程度，为其提供有针对性的阅读物。

换句话说，就是孩子处于什么年龄段和什么阅读能力，就读什么书。这是分级阅读的核心定律。老师和家长可以根据孩子的年龄、理解能力、心理成熟程度等情况来分级。对家长来说，分级阅读为自己给孩子选书提供了帮助；对孩子来说，分级阅读有利于培养阅读兴趣。

现代社会是细分社会，各个领域细分化，阅读也是如此。分级阅读，揭示了儿童阅读发展的机制和规律，有利于科学选书，培养孩子们的阅读能力，多层面推动儿童阅读教育。

分级阅读解决了两方面的问题：

首先，解决了阅读能力弱的孩子阅读难的问题。这个问题很好理解，如果一个孩子阅读能力不强，他就要从浅显的读物开始，能力原本不强，却要读对他来讲很难的读物，一定会影响到他的阅读兴趣。

其次，解决了孩子平庸阅读的问题，这是目前比较严重的问题。

让孩子阅读与之能力水平相匹配的书更有利于他们的认知发展，如果孩子的阅读是泛泛的，读物是粗俗甚至是有害的，这样的阅读迫切需要纠正！让孩子由易到难、循序渐进，逐级地选择最适合他阅读的读物，这样能够最大限度地保护孩子对阅读的兴趣，也能够真正科学系统地让孩子通过阅读，在知识层面、理解能力、心智和情商等方面都得到逐步的提升。

当然，少儿分级阅读也要注意几点：

1）"分级阅读"的标准不绝对是年龄。分级阅读的概念起源于西方国家，在我国，了解分级阅读的人还不多。仅仅看到出版物上标示的"适合 × 岁～ × 岁孩子阅读"是不够的，真正的分级阅读，除参照孩子的年龄外，更需要家长根据孩子的智力和心理发育程度，来选择最适合他的读物。

举个例子：一本标示着"适合 7～9 岁孩子阅读"的童话故事书，若被一个 11 岁的孩子看上了，做家长的是否就会脱口而出："你都多大了，还看这种小孩子的书？"但也许您不知道，孩子的选择多数时候都是有他自己的道理的。

也许这个 11 岁的孩子拿着一本"适合 10 岁以上孩子阅读"的书时，过多的生字词会让他望而生畏，超出他理解能力的语句会让他感觉索然无味。这种情况下，用严格的年龄界限做孩子分级阅读的参考就是帮倒忙，还不如任由孩子自己去选择喜欢读的书。

比较好的处理方式是，问问孩子："你为什么对这本书感兴趣啊？"也许孩子的回答是"只是觉得封面的图片好看"，也许只是"对书的名字感到好奇"，了解了孩子的兴趣点，再根据书的具体内容，看看有没有什么不适合孩子读的内容，然后再做定夺也不迟，千万不要看到阅读的"年龄段不符合"就急着否定。孩子能够对一本书产生阅读欲望和兴趣是非常不容易的，是特别应该值得我们去保护、肯定和珍视的。

2）"分级阅读"不是"设限阅读"。过于严苛的限制就像对孩子的思想和精神进行了"人工圈养"，即使孩子有某种我们成人无法理解的天赋，也会因为这种对思想和精神的"人工圈养"而被扼杀掉。

3）分级阅读是一种预设的体系，但孩子的个体差异也是我们选择时的一个参照。比如，当我们面对一个求知若渴的孩子时，即使他并不具备扎实的词汇基础以及相匹配的理解力，但他心中有一些疑问，急于通过阅读来寻找答案，这种强烈的兴致和欲望也会形成一股巨大的动力，能够帮助他克服阅读过程中遇到的所有困难。这时的分级阅读恰恰能助力他获得跨越困难、越级而上的自信。

让孩子喜欢上阅读，让孩子与伟大的著作对话、与伟大的心灵交流，孩子就会真正地拥有力量，就会被那些伟大的东西所吸引，就会认真地思考世界、思考自我，就会拥有美好的心灵和充实的精神世界。那时，成绩不过是额外的奖赏。

人与人的相识相知是需要缘分的，读书也是。真正适合自己的书也是可遇不可求的，读到一本好书，是一种享受，是一种满足，用自己的心灵与之对话，以自己特有的方式诉说心灵。适合的就是最好的，用心、用爱去寻找适当的书籍吧。

阅读是有品位和情趣的。大量阅读优秀的作品，就会形成好的鉴赏力，这样即使坏的作品摆在他面前，也不会让他动心的。因为，他知道什么书值得自己阅读。

第三，朗读，是语文教育的情感基础。

每一位父母都要学会为孩子朗读。把无声的文字变成有声的语言，不仅要作用于他的耳朵，还要作用于他的心，入耳入心以后，他就会终生不忘，变成他的文化积淀。

《朗读手册》的作者吉姆·崔利斯说："当大人读书给孩子听的时候，有三件重要的事同时发生：孩子和书之间产生一种愉悦的联结关系；父母和孩子同时从书里学到东西；父母把文字以及文字的发音灌输到孩子的耳朵里。"

我们是用耳朵学习语言。当动人的语言诉诸孩子的耳朵与心灵，不仅可以使他们的语言加速发育，更成了连接父母和孩子之间最亲密的纽带。

除了加强亲子关系外，朗读的意义还在于它不是随意交谈，而是一种更富条理性和组织性的语言方式。随着孩子读的书越来越多，他们会慢慢地注意到语言中所蕴涵的逻辑性与语法结构。我们通过语言进行思维，接触到的语言越多，随之思维就越清晰。那些喜爱大量阅读的人，在分析问题、陈述问题和学习知识的时候，往往比不读书或读书少的人快得多。

给孩子读书，是最"便宜"、最方便，也是最高贵的滋养孩子成长的方式。从朗读中培养孩子的语感，读比背更高效。

无论是学习语文还是英语，语言学科总是在强调"语感"。哪怕是数学题，也需要孩子一遍又一遍读题才能理解其中隐藏的线索与信息。而语感能力的提高，则意味着语言直觉思维能力的形成，它在判断语言正误、优劣上比理性思维来得更敏捷、自然。

当我们一遍一遍地朗读，文字中的词、句、意境、韵律自然会加深，这便是有效输入的过程。读到最后，它们已经成了一个整体，进入到孩子们的脑海。

北大教授、安徒生文学奖得主曹文轩，曾无数次被人追问："究竟有什么办法能让孩子爱上阅读？"曹文轩每次都会告诉他们："朗读——通过朗读，将他们从声音世界过渡到文字世界。"

当一个孩子不愿意阅读，你对他讲阅读的意义，是不是没有用？可是当一个具有出色朗读能力的老师或主持人、演员，声情并茂地朗读一部小说里扣人心弦的精彩片段时，孩子在不知不觉之中就会被深深吸引住。朗读结束之后，他一定会一直惦记着那部小说，甚至急切地想看到那部小说，当他终于看到了它，进入了文字世界之后，就再也不想放弃了。这时，我们就可以有充足的理由对孩子的阅读乃至成长抱有希望了。

另外，当成为朗读者后，孩子还会发生下面这些神奇的变化——

开发右脑：因为大声读实质是朗读者在自我欣赏自己的声音，久而久之，有利于孩子形象思维能力的自我培养。

改变性格：性格内向者往往发出的声音也很小，如果孩子能坚持大声朗读优质作品、书籍，性格很容易变得开朗。孩子在朗读时，能感受到语言的音律美，透过音律感受作者的情感，从情感中升华出对大千世界的美好憧憬，在成长的路上带着憧憬去体验百味人生，再在人生的历练中回味在脑海中留下印记的那些文字。

培养专注力：朗读，就是一个将无声的书面语言转换为有声语言的过程，是眼、口、耳、脑协同作用的创造性阅读活动。孩子只有认真专注，才能把课文朗读好，否则，心不在焉，一读就错。

第四，如果可以，带孩子加入一个读书会。

读书会在引领孩子走向深阅读方面有非常大的作用！

读书会是为了阅读和学习相关知识、交流思想而组织起来的社团，是一种目的在于拓展视野、宏观思维、知识交流、提升生活的活动。读书会更是一种生活方式。

读书会的几个特点：

1.它是一种非正式的学习，没有压力。读书会是正规学校教育以外的一种辅助活动，没有学籍、没有学分，孩子乐意参加，过程非常愉快。读书会以团队学习的形式来进行学习，提供一种接纳、肯定、非裁判的气氛，让成员具有归属感。

读书过后肯定有感悟，感悟有时候特别需要表达，而读书会就提供了表达的平台，说出自己的感悟是一种享受。

2.读书会助力"深阅读"。

与几年前相比，纸本阅读减少，电子阅读显著增加。如何让青少年深入阅读经典，从浅阅读走向深阅读呢？

阅读的深度不完全来自于文本，也来自于一起阅读的人，现在深阅读的资料很容易获得，但思想需要在对话中得以激发。另外，读书会所分享的书籍大多涵盖多个领域，哲学、宗教、心理、文学、艺术、科学、政治、经济、医学等。而一个人所涉猎的范围往往较窄，通过读书后能够扩大自己的阅读范围，很好地帮助自己进行自我通识教育。读书会书目的选择往往不限于个人的学术背景、兴趣经验，因而扩展了成员的知识领域。现在，出现了不少"网络读书会"，助力网络阅读由浅入深转换。

3. 让孩子结识新朋友，建立孩子的"精致小圈子"。

为何说是"精致"呢？首先，进入圈子是经过筛选的，都是爱阅读、爱读书的孩子，大家为了同一本书或者同一个主题走到一起，志同道合，交流思想，碰撞出火花。读书会是一种生活方式，一种学习策略，一种人际互动形态，一种团体技巧，也可以是一种社区工作模式。其次，孩子更容易找到有相同爱好的朋友。参加读书会的孩子，一般都是喜欢看书的，当孩子喜欢读书又苦于知音难觅时，加入读书会，可以帮助他认识一大堆兴趣相投的朋友。

4. 极大地锻炼了孩子们的表达能力。

读书会是一个很棒的平台和机会！可以自由交流书籍信息、读书体会，与他人互动。好的读书会带给孩子的不仅仅是知识，更带来了与人交流的方式，让孩子学会在平等的氛围里，表达自己的观点并聆听他人的思想，这是读书会的本质。成员之间必然会有或多或少的互动，不互动的只能是听众。平等交流是成员之间的原则。读书会成员之间推荐书籍、文章越有针对性，讨论话题越多越深入，互动越充分，收益就越大，该读书会活力也就越强。有针对性也是一种积极有效的互动，否则，书海茫茫，推荐的书籍不着边际，就构不成互动的基础。读书会可以磨炼团体动力技巧，增进思考和评判阅读能力。

5.可以极大地激发阅读兴趣，塑造家庭的阅读氛围。

读书会可以让孩子阅读到以前想读却未读的好书，或是以成人的观点再次阅读。读书、交流、分享、结识新朋友，高质量的精神滋养对孩子来说一定胜过在家里玩手机，思想的火花一定会深深地吸引着孩子们，这也是把孩子从手机等电子产品里拉出来的好办法！

 划重点

如何从小培养孩子的阅读能力呢？

· 把握住阅读"关键期"。

· 为孩子"选好书"。

· 朗读，是语文教育的情感基础。

· 如果可以，带孩子加入一个读书会。

劳动是一种巨大的教育力量

中国有个成语叫"心灵手巧"，用来说明一个人心思灵敏，手灵巧。其实，"手巧"才更能让"心灵"。这与苏霍姆林斯基所提出的"孩子的手越巧，就越聪明"是一致的。他认为，儿童的技巧得益于智能的发展，而智能会随着技巧的完善程度而增强。他认为，脱离劳动，没有劳动，就没有也不可能有教育。每一个孩子都应当在接受教育中体验这种教育的力量。

劳动，不仅是简单的体力付出和技能训练，更是一种精神生活。劳动，需要分工与合作，在劳动中孩子们之间团结友爱的关系才能够形成。劳动，需要思考与研究，不仅是肢体的运动，也是头脑和心灵的运动。劳动，会让孩子们知道创造的过程，懂得万事的不易，能体验劳作以后的收获、成就和快乐。

马克思主义认为：劳动和体育、智力教育相结合是造就全面发展的人的根本途径。

因此，父母重视教育的同时，一定不能忽视劳动的力量。

首先，父母要给孩子提供劳动的机会，学会正确地爱孩子。

现实生活中很多家长过分溺爱孩子，包揽孩子所有的事务，剥夺了孩子劳动的机会。但其实放手让孩子承担力所能及的家务劳动，这是对孩子进行独立性培养的重要途径，家长不能一味地帮助孩子做一些本该由他们自己独立完成的任务。

要给孩子独立做事的机会，从小培养孩子的独立意识和克服困难的能力，改变"衣来伸手，饭来张口"的习惯。总之，"孩子的事情必须让孩子自己做"，从小培养孩子的生活自理能力和动手能力，给予孩子劳动的权利，这才是真正的爱。

其次，尊重孩子家庭劳动的权利，讲究劳动教育的技巧与方法。

劳动是人类生存的基本能力，是做人的起点，是孩子享有的基本权利，家长无权予以剥夺，必须让孩子身体力行，在参与劳动的实践中养成良好的劳动习惯，掌握一定的劳动技能。

孩子们在劳动中会发现自己、肯定自己、成就自己，劳动是蕴含无限力量的教育源泉。

具体做法是：

▶ 学步期阶段

有些家长会觉得这个年龄的孩子参与家务未免太早，但其实，这是孩子建立家务观念的黄金时期。让学步期的儿童觉得参与家务是一种特权，甚至是一种游戏，他们能做到的事情也许会超乎你的想象。比如你可以让他们：

· 把自己的脏衣服放进脏衣篮里。

· 自己穿好易穿的衣服。

· 叠简单的衣服、床单、枕套和浴巾等。

· 将自己的衣服放进抽屉里。

· 能按照简单的指令完成某些任务，比如拿起牙刷，挤牙膏，自己刷牙。

· 将垃圾放到适当的地方或回收。

· 将玩过的玩具收好。

· 将他们的杯子、碗放在比较低的架子上，让他们自己取用或放回。

· 喂宠物猫或宠物狗。

▶ 学龄前阶段

当孩子进入学龄前，你可以教他们做一些更复杂的工作。3～5岁的孩子喜欢数数和分类，可以给他们分派一些相关的家务，让他们在玩中体验责任感。比如，放五本书到书架的某个地方，或者在商店购物的时候，让他们拿五个橘子，再分别放进购物袋里。这个年龄段的孩子，完全可以很好地完成以下任务：

· 自己铺床。

· 整理自己的房间。

· 将东西整理分类。

· 给植物浇水。

· 清理自己的餐桌位置。

· 不小心打翻东西，不哭不闹，而是自己去拿毛巾或海绵清理干净。

· 准备自己的零食。

►**6 ～ 11 岁**

·择菜和切菜。早一点教孩子安全使用刀具，学习如何使用刀刃锋利的刀具，在学习中我们会发现锋利的刀要比钝刀更安全，因为锋利的刀切割起来会更容易，不会因为顾着用力而发生意外。

·洗衣服——全程都可以让他们自己完成，从分类洗涤到最后整理并收纳到衣橱里。给孩子演示一遍之后，在洗衣机和烘干机上再分别贴上一张操作流程说明，给他们必要的提醒。

·更换厕纸。至于厕纸的卷筒往哪个方向转，就让孩子自己决定吧。

·摆放餐桌椅和清理餐桌。

·户外工作，比如，清扫落叶、清除杂草等。

·吸尘和拖地。

·帮忙列日常杂货和食物的采购清单。

►**青春期**

·家庭维修工作，比如：涂漆、换灯泡、简单的轿车维护等。

·去超市购物。考虑到有的青少年饮食有偏好，妈妈最好给他们列出比较明确的购物清单。

·规划和准备比较复杂的饭菜。

·照顾年幼的弟弟妹妹，教会他们家务职责中应该承担的任务。

·带宠物狗到宠物医院去打针。

·清理冰箱。

·自己规划一次旅行。

划重点

·劳动，不仅是简单的体力付出和技能训练，更是一种精神生活。

父母如何做？

·父母要给孩子提供劳动的机会，学会正确地爱孩子。

·尊重孩子家庭劳动的权利，讲究劳动教育的技巧与方法。

财商不仅是学金钱观

有时向父母们提出要提升孩子的财商时，会遇到这样的反应："财商？学那个有啥用？""现在最主要的任务是学习，成绩上去了，就什么都有了！财商以后再说吧！"

的确，现在的家庭教育中，父母很少和孩子谈钱，而只是默默做一个提款机。父母更关注的是孩子的健康和学习。学校教育还是以应试教育为主，几乎不教金钱观，好多学生毕业了却找不到工作，离开父母就很难独自生存。第一天走入校园，老师就告诉我们要"好好学习，天天向上"，可是当我们好好学习跑到终点时，却找不到"向上的地方"，找不到"向上的方法"。这让我们对多年所受的教育感到茫然。当孩子离开家庭独自生活，生活费用支出一塌糊涂时，家长们才开始着急："你是怎么花的？才三个月就把半年的钱都花完了？"有些大学生甚至陷入校园贷和套路贷，根本无力偿还，不仅影响了生活，甚至拖垮了人生！

随着社会经济的发展，财经素养和理财能力被认为是21世纪每个人必备的核心素养和生存技能。有些西方国家已经强制把理财课纳入中小学课程体系，或者在中小学教材中增添了个人理财内容，并列入考试范围。我国证监会与教育部也曾联合印发备忘录，提出在学校教育中大力普及证券期货知识，推动全社会树立理性投资意识，将投资教育逐步纳入国民教育体系中，让民众真正意识到财商的重要性！

该怎样培养孩子的财商呢？是让孩子正确认识金钱，有赚钱能力？还是让孩子懂得基本的经济学常识，培养他的理财能力？

其实，财商不仅是学习如何赚钱，更是孩子规划未来、掌控自我、经营幸福的能力。其本质在于洞察人性，正确认识自我，合理调配、使用资源，从而有信心和力量去实现自己的梦想。

财商是一种能力，一种思维方式，在这种思维方式下，有正确的金钱观，看得见金钱的运动轨迹，并在此基础上思考问题，解决问题。知识并不是财商本身。

父母如何给孩子正确的财商启蒙教育呢？

1.认识和使用金钱。带领孩子们认识货币、学习点钞、辨别真假币、体验银行自助设备功能等，让孩子到"柜台"体验存钱和取钱，到"商店"体验买东西，让孩子对金钱的使用和管理有形象的认知。

2.儿童跳蚤市场也是不错的财商教育阵地。在学校和社区举办的儿童跳蚤市场上，孩子们作为"摊主"出售自己不再需要的物品，或跟其他小朋友置换物品，在这个过程中认识金钱和使用金钱，在琳琅满目的商品中体会"想要"和"需要"的区别，树立勤俭节约和环保意识，锻炼自己的推销能力、社交能力和语言表达能力等。

3.看一些财商书籍。如大名鼎鼎的股神巴菲特给孩子们创作的《巴菲特神秘俱乐部》，是以巴菲特为原型的培养儿童财商的系列绘本，可以让孩子们看看。

✏️ 划重点

·财商不仅是学习如何赚钱，更是孩子规划未来、掌控自我、经营幸福的能力。

父母如何给孩子正确的财商启蒙教育呢？

· 认识和使用金钱。

· 儿童跳蚤市场也是不错的财商教育阵地。

· 看一些财商书籍。

公共演讲能力

公共演讲，简单地说就是当众讲话。

演讲和当众表达是中国孩子普遍欠缺的能力，而这项能力在欧美国家被认为是青少年的第一能力。在西方国家，"舌头、金钱和电脑"已成为新的三大战略武器，演讲和当众表达放在最前面，可见这个能力的重要性。

卡耐基说："一个人的成功85%靠他的人际沟通和演讲能力，只有15%跟他的专业技能有关。"

可惜，大多数语文教师都不太重视学生的口语能力，重读写，轻听说，两者比重明显失衡。而演讲能力的提高必须经过刻意训练，必须跟随专业老师学习。

公开演讲在西方历史和政治中扮演着重要的角色。如美国，从美利坚共和国的成立到现在每届总统选举，都离不开领袖们精彩的公开演讲。这也从另一方面说明公开演讲能力在西方文化和教育系统中的地位，也体现了西方审核人才素质及综合能力的标准。但美国人并不是生来就擅长演讲，而是美国教育从小就重视孩子的演说能力训练，各个学龄段都有演讲课程，充分培养孩子积极参与、敢于发表意见的自信心和创造力。

比起文字，演讲更有煽动性，更容易被人们接受，听众可以通过演讲者的神情、语调、动作等感受到演讲者的情感，接受他的理念。

相对西方而言，中国的教育观念相对传统，中国的孩子不是那么喜欢展示自己，认为低调谦虚是一种美德。但在有的场合缺乏演讲能力，会错过很多展示自己的机会！

演讲是一门技术活，它考验人的逻辑思维、语言表达、肢体语言、反应速度、情绪控制等多方面的能力。但这些能力的训练不是一蹴而就的，需要长时间的锻炼和积累。

可以说，演讲能力就是培养孩子的思维力和领导力，因此，新时代的父母应该重视这一能力的培养。

划重点

·演讲是一门技术活，它考验人的逻辑思维、语言表达、肢体语言、反应速度、情绪控制等多方面的能力。

·这些能力的训练不是一蹴而就的，需要长时间的锻炼和积累。

父母如何做？

·平时多鼓励孩子说话表达，参与家庭事务的讨论，发表意见看法。

·定期组织一个话题，让孩子针对话题做 1～3 分钟的演讲，任何内容都可以，一定要引导孩子自己去思考和组织语言。

·带孩子体验一些有公共演讲的活动。

职业教育及职业规划能力的培养

很多父母对职业教育及职业规划没有任何概念，甚至认为职业不就是看缘分嘛，还可以从小规划出来？

我们来看看日本的中小学职业教育。小学阶段，学生通过参加儿童会及学校组织的各种活动，学习处理班级和学校事务，了解各个岗位职责的重要性；在初中阶段，老师会引导学生在信息、环境、福利、健康等学科的学习中发现自己的职业兴趣；高中阶段，学校会开展和平与国际理解、生命与环境、生存方式探求等各种主题活动，帮助学生形成自己的职业意识。课外的职场体验活动，小学生主要是了解家人的工作、街头采访、参观企业生产活动等；初中生作为职业准备期，主要是了解身边人的工作以及五天职场体验；高中作为职业选择过渡期，会有更多的实践活动。

我国的职业教育及实践主要集中在职业中专和大学阶段，中小学阶段基本没有。现在，越来越多的家长意识到了这个问题的重要性。

某些职业机构和心理专家常用五个"W"的思考模式为来访者进行职业规划，父母可以参考：

第一个问题："我是谁？"通过问自己这个问题，对自己进行深刻的思考，清醒地认识自己的优点和缺点，并把它们罗列出来。

第二个问题："我想干什么？"这是在寻找自己的职业发展心理趋向。随着年龄和经历的增长，这个答案逐渐清晰并固定下来，最终发展为自己的职业目标。

第三个问题："我能干什么？"这是对自己职业能力与潜力的总结，一个人的职业定位取决于自己的能力，职业发展空间则取决于自己的潜力。一个人的潜力可以从兴趣、韧性、判断力、知识结构等方面去判断。

第四个问题："环境支持或允许我干什么？"我想干什么，但客观条件或环境允许吗？实现职业目标的有利和不利条件是什么？不利条件该如何克服？都是这一步应该考虑的问题。而不利条件最少的、自己最想做且能够做好的那件事就是你目前最需要做的。

第五个问题："自己的职业目标是什么？"职业生涯规划包括五大方面：知己、知彼、目标、行动、评价。

父母需要了解孩子这几方面的情况，酌情为孩子进行未来的职业教育和规划。

划重点

·职业教育可以从小规划。

·从五个"W"引导孩子。

如何培养孩子的情商？

情商比一个人的能力还重要，英国一个关于情商的研究表明，高情商的孩子长大后生活会更顺利，情商的高低与人的幸福成正比。

所以，在孩子的幼年时期，父母就应该关注他们的情商。孩子的情商高低该如何判断呢？"嘴甜"、幽默、能言善辩、能读懂大人的心思就是情商高吗？当然不是。

1995 年，美国哈佛大学心理系教授丹尼尔·戈尔曼就在《情商》一书中指出：所谓情商，就是情感智力。英文缩写为"EQ"。它包括良好的道德情操、乐观幽默的品性、克服困难的勇气、同情心、善良、善于与人相处、能够控制自己的情绪等等。

台湾艺人林志玲一直被公认为高情商的代表，但另一位情商高手蔡康永却不这么认为，他说林志玲永远都在微笑，看似温柔待人，实则心里很累。所以高情商并不是简单的擅长待人接物，还包括能够让自己快乐。

丹尼尔·戈尔曼将情商分为五大类：自我意识（了解自己的情绪）；管理自己的情绪；自我激励；识别他人的情绪；处理人际关系。所以说，待人处事圆滑变通、见什么人说什么话不一定是高情商。因为讨好他人并隐藏自己的情感，必然会委屈自己，令自己不快乐。

那么，该如何培养孩子的情商呢？

第一，要教孩子读懂自己的情绪，同时父母要尊重孩子的感受。

一位妈妈带着儿子小宝吃自助餐，餐盘里最后一块点心被另一个孩子抢走，小宝气得举起拳头就要打人。

妈妈连忙把他带到一边，问道：你怎么了小宝？（关注孩子的情绪，鼓励孩子表达情绪。）

小宝：妈妈我生气了！我想吃那块点心，但被别人抢走了！

妈妈：快到嘴边的美食突然没了，的确很可惜。（与孩子共情，肯定情绪产生的原因。）

小宝点点头。

妈妈：但是，小宝，点心没了，生气和打人有用吗？

点心会回来吗？（帮助孩子分析事情和情绪的关系。）

小宝摇摇头，说：即使回来我也不要，已经被别人吃过了。

妈妈：既然没用，那你为什么还生气和打人，让自己不开心呢？做一些让自己高兴的事情不是更好吗？你看，那餐桌上还有你喜爱的冰激凌！（帮助孩子用正确的心态对待糟糕的事情。）

这时，小宝若有所思，情绪明显好转，心平气和地去桌上拿冰激凌吃了。

这位妈妈一步步引导孩子管理自己的情绪，其实就是在培养孩子的情商。

引导孩子管理好自己的情绪，首先要关注他们产生情绪的原因。

可以试试下面这个小测试：

孩子放学回来闷闷不乐："今天在学校有同学打我！"这时你的反应会是……

答案 A："这种小事别放在心上。"

答案 B："你不会也教训他吗，你有没有打回去？"

答案 C："我现在很忙，晚一点再说。"

答案 D："你还好吗？有同学打你，你是不是觉得很委屈？"

你会选择哪个答案？最佳答案是 D。父母及时关注了孩子的情绪，肯定了孩子产生情绪的原因，并教会了孩子识别自己的情绪。

接下来，父母可以继续问："你要不要告诉我发生了什么事呢？"父母的正确发问和耐心倾听，会打开孩子的话匣子。在倾听中，要尊重孩子的感受，不要否定孩子的感受。

第二，在情商方面，父母依然是孩子最好的老师，要成为孩子学习情商的榜样。

我曾经在地铁站目睹过这样一幕：一位妈妈带着孩子坐地铁，孩子看见安检人员，天真地问妈妈"他们是干什么的"？这位妈妈居然说是"一群吃饱了撑的人没事干啦"！当时我听了很无语，这位妈妈的戾气如此之重，传递给孩子的能是什么样的情商呢？

高情商的人拥有积极向上的心态，乐观奋进的态度，不会随意抱怨、奚落、轻视他人。

父母还可以教给孩子的情商有：

·坚强。无论遇到什么打击和不幸，都能够情绪相对稳定、乐观、积极、豁达，决不把孩子当成情绪宣泄的对象。

·善良。一棵寒风中的小树、一只受伤的小鸟、一只瘦弱的流浪猫，都值得孩子怜惜。

·敏锐。观察到别人的需求，主动去帮助他人。

·团队意识及协作能力等。

良好的情商，能增强孩子的心理免疫力和承受力，使他能坦然应对生活中的困难与挑战，拥有一个成功且快乐的人生！

划重点

·情商比一个人的能力还重要。

·良好的情商，能增强孩子的心理免疫力和承受力。

父母如何做？

·要教孩子读懂自己的情绪，同时父母要尊重孩子的感受。

·在情商方面，父母依然是孩子最好的老师，要成为孩子学习情商的榜样。

第五部分

上学那些事儿

小学四年级：学习的关键期

为什么四年级是孩子学习的关键期？因为养成良好的学习习惯的黄金期是小学三年级之前，如果错过了这个时期，小学四年级便是最后的机会。这个时期，孩子的身体和大脑开始进入发育的关键期——从儿童到少年过渡。具体分析如下：

第一，四年级是大脑发育的关键期。科学研究表明，大脑的生长过程不是匀速和直线的，而是非匀速和分阶段的。人脑在10岁之前发育最快，12岁左右的脑重已经与成人相当。尽管在9岁后儿童的脑重增加很少，但是脑细胞内部的结构进一步复杂化，大脑的各项功能逐渐趋于成熟。因此，四年级孩子的心理特点也会发生明显的转变。10岁左右儿童的大脑前额皮层发育完善，孩子爱玩的天性开始减退。相反，大脑的抑制能力开始加强，儿童对自己的行为和情绪变化变得更加敏感。第二信号系统的语言和文字反应能力增强，思维能力的发展处在转折时期，思维的敏捷性和灵活性提高，独立意识逐渐增强。

第二,四年级是培养学习能力的关键期。在小学四年级，孩子的记忆力、理解能力、思维能力和表达能力快速发展，孩子的逻辑和抽象思维能力开始增强，这是培养孩子写作能力和阅读能力的关键时期。

学校教育目标对四年级的学生也有更高的要求，要求他们有更好的学习方法和学习习惯，例如养成课前预习、课后复习、思考分析以及数学思维习惯等。

与此同时，家庭教育也要发生一定的变化，家长要更注重引导孩子掌握有效的学习方法，形成良好的学习习惯，激发孩子的学习热情和探索的欲望，比如让孩子学会查阅资料、记笔记等。

第三,四年级是培养情绪控制能力的关键期。这一时期是孩子情感发生变化的转折时期，孩子的道德感、友谊感、责任感有了进一步发展，生活重心从家庭转向学校，同伴关系成为影响孩子情绪稳定的重要因素。虽然他们开始有了一些自己的想法，但是辨别是非的能力还极其有限，缺少社会交往经验，经常会遇到自己难以解决的问题，开始进入心理不安期。

针对这么多的变化，家长又该怎么做呢？

1. 找准孩子情绪变化的原因，并给予充分的理解和尊重。

了解孩子情绪的方法，可以是沟通，也可以是换位思考。

四年级的晓宇数学没有考好，他做好了挨打的准备。他把成绩单往客厅的茶几上一扔，就回了自己的房间，晚饭也是在战战兢兢中度过。晚饭后，晓宇的父母什么也没说，就回到自己的卧室看电视去了。晓宇坐不住了，心想：难道爸爸妈妈没有发现我的成绩单？于是，他悄悄地来到客厅，发现在他的成绩单旁边有一张便条：

儿子！爸爸妈妈知道你这次没有考好，心里一定很难过。你不必紧张，爸爸妈妈不会惩罚你，因为惩罚不是我们的目的。爸爸妈妈相信你肯定不会放弃努力，因此，在下次考试时，爸爸妈妈不会要求你考到多么好的成绩，只要比这次进步一点点，我们就会很满意。

永远支持你的爸爸妈妈

这天晚上，晓宇在自己的日记里写道：感谢爸爸妈妈的理解和尊重，我拥有世界上最好的爸爸妈妈。

这个时期的孩子正处于情感的突变期，他们容易生气、发火，但也容易感动。此时，父母的理解和尊重就是他们最好的礼物。

2.培养孩子控制情绪的能力。

我接触过一个家庭，在他们家有这样一个约定：当感觉情绪不能自控时，大声喊——"暂停！"然后深呼吸，或者到其他地方待一会儿。其他人不要追问原因，等他情绪稳定了，主动来告诉他们发生了什么。自从有了这个约定，爱发脾气的儿子从来没有情绪失控过。"暂停"既控制了自己的情绪，又宣泄了自己的情绪，实在是一个两全其美的方法。

✏ **划重点**

·养成良好的学习习惯的黄金期是小学三年级之前，如果错过了这个时期，小学四年级便是最后的机会。

·四年级是大脑发育的关键期。

·四年级是培养学习能力的关键期。

·四年级是培养情绪控制能力的关键期。

如何陪孩子写作业？

做作业非常考验亲子关系："不谈做作业，母慈子孝；一说做作业，鸡飞狗跳。"陪孩子做作业，为什么如此让父母身心俱疲呢？

其实，不少父母的所谓"陪"，不过是监督。他们不放过孩子的任何一点动静或错误，嘴里不停地念叨："这个字不应该这样写。""这么简单的题，你都会弄错，你上课都干吗了？""动来动去干吗，好好写！"多么像一个监工。

看上去，这样的父母很负责。实际上，这是对孩子的不信任和干扰，让孩子背上极大的心理负担，他们可能全程都在想：父、母、什、么、时、候、离、开！

那么，到底要不要陪孩子写作业呢？如果要，怎么陪？

英国社会学家做过一个实验，证明，有人在儿童旁边，他做事情会更加卖力。也就是说，有人陪伴孩子写作业，他的效率会更高。这叫作"社会促进"。所以，不用纠结孩子写作业到底要不要陪，而应该关注"怎么陪"。

所谓"陪"，陪的是孩子的学习情绪和状态，而不是"监督"。但很多父母的陪伴是聚精会神地盯着孩子的作业，随时准备抓孩子的错误。孩子始终处于紧张不安的状态，抑制了他们大脑的发挥。

一位妈妈跟老师说，我一直陪孩子做作业，陪着的时候还算认真，但是只要我不在，他就恢复原样了。我该怎么办？这位老师给男孩出了一道非常简单的题目，男孩边做边看她，她面无表情。男孩试探着做完了，他看看老师，老师脸上露出不满的表情，孩子赶紧把答案擦掉。反复三遍后，他泄气地说："我不会做！"老师告诉他："其实第一遍你已经做对了，为什么要改来改去呢？"他说："看你的脸色我以为我做错了，害怕做错了你告诉我妈，我妈批评我。"老师说："现在我再给你出四道题，相信你一定能做好，即使做不好也没关系，认真做尽量避免错误就可以了！现在你自己做吧，我去办个事，一会儿回来。"

30分钟后，老师回来了，男孩的题目做完了。他怯怯地把作业递给老师："老师，你看我做对了吗？"老师笑着说:"检查对不对是你的事情,你检查完再给我看好吗?"男孩检查了 10 分钟,坚定地说:"我检查完了,应该是对的!"老师接过来一看,果然全对!老师对男孩的妈妈说,他完全可以独立做作业。妈妈内疚地说:"是我天天陪他写作业害了他!"

陪孩子写作业为什么反而"害了他"?因为你的所谓陪伴不过是频繁地提醒、指责,甚至打骂,让孩子觉得"我很笨,爸爸妈妈很讨厌我"。这伤害了孩子的幸福感,让他觉得写作业是一件痛苦的事。那么,一到写作业,他就产生厌烦、逃避情绪。这种情绪一旦内化,哪怕没人陪伴的时候也会如此。

所以,父母要会用正确的方式陪伴孩子写作业。

1. 引导和鼓励孩子拥有良好的学习状态。

一位妈妈是这样陪女儿背书的:前一天自己先查译文,加强理解。第二天把自己的体会告诉孩子,女儿很快理解了文章的意思。然后她和女儿一起背诵。在和妈妈的比赛下,女儿背得越来越快,还对妈妈越来越佩服。

但有些家长是这样陪的:"再给你 5 分钟,背不会小心我打你!"孩子心里既害怕又反感,注意力都在防备家长上了。就算最后背会了,亲子关系也被伤害了。

最好的陪伴是，孩子自己学习，父母远远观望，如果孩子向你求助，你就指点一下，如果没有向你求助，你就做自己的事情。抑制住指手画脚的控制欲，因为做作业是孩子的事。这样，孩子才能成为做作业的主人，也才能从学习中获得成就感。

2.创造有利于学习的家庭氛围。

杨绛先生是这样教育女儿的："我们从不训示她读书，她见我和钟书嗜读，也猴儿学人，照模照样拿本书来读，居然渐渐入道。"

成为孩子的榜样，为孩子做好示范，创造一个温馨、利于学习的家庭氛围，就是最好的"陪伴"。我的一位教授朋友，提起自己的母亲，脑海中最深刻的画面是温馨的灯光下，她在做作业，妈妈在旁边做针线，母女俩偶尔对望一眼，相视一笑，全程没有说话，但全程都在彼此陪伴。

但是，如果孩子在做作业，你却在旁边打游戏、看电视、刷微信、聊天，孩子能安心写作业吗？

3.培养孩子良好的学习习惯。

培养学习习惯的最好时期是在一二年级，尤其是刚入学的前两个月。犹太民族在孩子上小学前三年，要求妈妈全职陪同。那么，怎样陪，才能陪伴出好的学习习惯呢？

1）培养在固定时间做作业的习惯。每天在固定的时间做作业，比如五点，而不是想什么时候做就什么时候做。其次，帮孩子认识到做作业的重要性，放学后先做作业，再做其他事情。养成做作业的生物钟。

2）培养上课认真听讲的习惯。一位妈妈要求孩子每天给她讲讲今天老师都讲了什么，在讲述的过程中，她和孩子就能发现哪些知识理解并记住了，哪些没有。孩子为了能跟妈妈讲明白，就必须上课好好听。这样，上课认真听讲的好习惯就养成了。

3）培养孩子独立做作业的习惯。让孩子独立做作业并不是说父母不陪伴，而是陪伴但不干涉、不打扰、不控制。即使孩子做错了，也不必情绪激动地马上指出来，可以让孩子自己先看看。实在需要父母帮忙了，父母再出手相助。

4）培养自己整理书包的好习惯。自律包括有序，有序能让孩子的学习高效起来。一个小工具可以让孩子的书包有序起来，就是带拉链的文件袋，买不同颜色的，一门学科一个文件袋。把每门学科相关的课本、参考书、作业本放到一个文件袋里。这样不容易遗漏东西，也不至于找不到。

5）培养孩子修改错题的习惯。准备一个错题本，把做错的题重新做一遍，过一段时间再做一遍。

4.两个帮助孩子提高做作业效率的方法。

1）限时法。父母预估一下写这项作业大概需要多长时间，然后跟孩子商定在这个时间内完成，如此可以避免拖延拖拉。如果发现孩子在写作业的时候偶尔不专心，不必干涉，这可能是他想让自己的神经稍微休息一下。但如果是注意力非常不集中，父母就要提醒了。但提醒的时候要注意方式："还有15分钟就要做完了，加油！"切不可吼叫、训斥、威胁。

2）"中途安抚"法。当你发现孩子拖沓、走神没好好写作业时，可以走到他的身边，摸摸他的头："是不是遇到难题了，需不需要我帮忙？"这样就把孩子的注意力拉回来了，完全不用大动干戈。

很多孩子在小学成绩不错，上了初中却跟不上了。不是孩子变懒变笨、不爱学习了，而是他们习惯了在父母的陪伴下学习，上课不认真听讲，依赖回家后父母为自己"加餐"。

但初中后，课业加重，父母无法事无巨细地陪伴。

.

陪伴孩子做作业，是为了让孩子养成良好的学习习惯，掌握良好的学习方法，其目的是为了有一天无须陪伴。

陪伴有其必要性，有人在旁边，孩子会更自律，就像我们工作时，有上司、同事在，你会更认真一样。但陪伴过多就没必要了，因为那是一种打扰、干涉和控制，就像我们工作时，老有同事来指手画脚一样。所以，陪伴要有度、有方法。希望每一位父母都能陪伴适度、陪伴得法。

✐划重点

·所谓"陪"，陪的是孩子的学习情绪和状态，而不是"监督"。

·陪伴孩子做作业，是为了让孩子养成良好的学习习惯，掌握良好的学习方法，其目的是为了有一天无须陪伴。

父母如何做？

·引导和鼓励孩子拥有良好的学习状态。

· 创造有利于学习的家庭氛围。

· 培养孩子良好的学习习惯。

· 两个帮助孩子提高做作业效率的方法。

每个厌学的孩子都应该被看见

一位妈妈找我咨询，说儿子突然厌学，不去上学了，不知道该怎么办。经过了解得知，孩子是外地户籍，只能在上海读到初中，高中时回原籍一所国际高中就读。一个月后，孩子说啥也不去上学了。后来我们找到了原因：同学欺负他，还打了他，他跟爸爸说了，但爸爸说要和同学搞好关系，别随便起冲突。他觉得父母也不帮他，于是就不去上学了。

孩子"厌学"一定有原因，到底是真的厌学了，还是背后有原因，父母对此要敏感一些，麻木的神经可能会害了孩子，例如故事中的爸爸。

《中国青年报》一位记者记录了 17 位学生厌学的经历，其中几个标题是这样的：

《没有朋友的日子，我找不到上学的理由》

《我不想做研究生班的男保姆》

《挚爱学习的男孩默然辍学》

《缺乏老师关注，女孩失去求学的动力》

《同学"恶毒诋毁"，高三女生无法到校上课》

……

从标题就可以看出来，这 17 个孩子厌学的原因各不相同。

所以，如果你发现孩子厌学了，首先要弄清楚他厌学的原因。

但大部分孩子厌学都有一个共同的原因，就是学习兴趣丧失了。兴趣是孩子坚持学习的动力，怎样让孩子始终拥有这个动力呢？可以从以下两个方面来尝试：

1. 用一个个小目标让孩子获得成就感。

当孩子无法从学习中得到快乐，他就不愿学习了。但学习是个漫长的过程，只有在取得好成绩的那一刻才能品尝喜悦，而漫长的过程都是苦熬。怎样让孩子在漫长的过程中也能品尝到学习的快乐呢？有一个方法就是，把漫长的学习过程切分成几个小过程，把长远的大的学习目标切分成若干个小目标，每实现一个小目标，就获得一次小小的成功，就体验一次成就感，品尝一次快乐，在快乐中走向最终的成功。这样，学习就变成了一个快乐的过程。

朋友家的女儿菲菲是个学霸，从小学一年级到大学毕业一直在班上名列前茅，后来考上了人民大学的新闻传播系，我们都很羡慕。有一次聚会，我们问她是怎么做到让孩子一直对学习保持兴趣的？

朋友笑了笑说，其实很简单：定目标。

我们听了都不以为然，觉得朋友在敷衍我们，目标我们都有啊。从小我们就跟孩子说：你的目标就是考上"北清人"，就是211和985。可是也没觉得对孩子有多少吸引力啊。

朋友说："你们这目标也太大了……也不怕给孩子吓着！"

我们都有点不解。朋友继续说道："你们看，记者采访万达集团董事长王健林的时候，他都说先定一个能达到的小目标，比如说先赚它一个亿。虽然一个亿对普通人来说是个大数目，但对万达来说确实可以算一个小目标。但是从他的话中我们可以看出目标要先从小的开始定。虽然父母内心是希望孩子都能考上好大学，但从小就给孩子一个这么大目标，一来他们对大学还没有什么概念，二来是目标太大。我从小给菲菲定的目标都很小，也很简单，比如'这个学期你的目标就是超过上个学期十名，或者这次考试的目标就是比上次多10分'，如果你想达到这个目标，你可以向你的目标对象交流，学习他们的优点，请教他们的学习方法。这样一点点激励她，她自己学习兴致也很高，学习方法和习惯也越来越好。"

朋友女儿的例子提醒了我，其实小目标聚焦的成就感，会慢慢给孩子积攒能量，帮助他们实现最终的"大目标"。学习就是如此，如果孩子的学习目标太远、太高、难度太大，会让孩子感到无望，因而不想努力。尤其是失败时，很容易放弃。

2.别强迫孩子学习。

孩子具有向往自由的天性，对强迫和束缚天生会产生厌恶心理。对于他们不喜欢的东西，强迫是不起任何作用的。学习应该是孩子快乐的源泉，而不应该成为孩子痛苦和烦扰的罪魁祸首。因此，别强迫孩子学习。

古人说"书山有路勤为径，学海无涯苦作舟"，仿佛只要是学习，就是"苦"的。我们要改变这种观念，想办法让学习充满快乐，学会在学习的过程中享受乐趣，这样学习就是一种快乐。既然学习是一种快乐，孩子对学习就不会产生抵触情绪，而是充满热情和兴趣。

划重点

孩子厌学，父母如何做？

· 了解孩子厌学背后真正的原因。

· 用一个个小目标让孩子获得成就感。

· 别强迫孩子学习。

功课一错再错，用这个方法一招取胜

学会的知识不久就忘记了，错过的题目也会一错再错，怎么改变这个情况？

美国科学家做了一项试验，揭开了"遗忘"的秘密。

他们找来几个人，让他们采用不同的方法学习同样的内容，两周以后看看还能记住多少，也就是学习保持率是多少。两周后，结果出来了——

第一种学习方式，听讲：保持率是5%。

第二种学习方式，阅读：保持率是10%。

第三种学习方式，声音＋图片：保持率是20%。

第四种学习方式，示范：保持率是30%。

第五种学习方式，小组讨论：保持率是50%。

第六种学习方式，边做边学或实际演练：保持率是75%。

第七种学习方式，教别人或马上应用：保持率是90%。

专家把这个结果画在一张图上，发现是一座金字塔！于是把它命名为"学习金字塔"。学习金字塔清晰地告诉我们，不同的学习方法其学习效果完全不同。但个人学习或被动学习的学习效率普遍较低，保持率基本在30%以下；团队学习、主动学习和参与式学习的学习效果较好，保持率基本在50%以上。

看到这个结果，我们是不是有些恍然大悟：不能总怪孩子记不住课堂上的内容，因为只用听讲的方式来学习，大部分都会遗忘！

而我们的课堂，大多时候都是老师讲，孩子听，单向灌输。

所以，要提高学习效率，一方面老师要改变授课方式，另一方面，父母要学会先进的学习方法，在课外帮助孩子提高学习效率。

1.让孩子当老师。

有一句话是这样说的，教是最好的学。为了给别人讲清楚，我们需要先把知识梳理清楚：透彻理解、清晰思路、表达简明、讲解全面，无形中就把知识学透了。哪怕暂时有不太清楚的地方，在和别人交流的过程中，也慢慢变得清晰了。

所以，让孩子当老师，教家长，教同学，可以达到很好的学习效果，其学习保持率可高达90%。

2.小组讨论。

小组讨论的学习保持率在50%。家长们可以根据需要和实际情况，组织孩子们进行小组讨论。形式：2～6个伙伴，轮流准备题目，每天准备一个题目，然后大家讨论做题思路，每个孩子都奉献出自己的方法，最后由出题者进行总结，并记在本子上。第二天，可以让其中一个孩子像老师一样，重新讲解一下昨天的题目。这同时也锻炼了孩子们的表达能力和公众演讲能力。家长可以对讨论的过程和结果进行总结，鼓励、表扬孩子，让他们看到讨论和坚持的价值。这样的学习方式一定比干巴巴的听讲和独自学习更有意思。

诗人叶芝说过："教育不是灌满一桶水，而是点燃一把火。"想办法点燃孩子学习的激情，而不是一味灌输。如果孩子明明很努力，但成绩就是上不去，多半是学习方法存在问题。家长不要一味指责孩子不努力，或抱怨孩子不够聪明，而是自己要探索一些高效的学习方法，教给孩子，或带领孩子去学习，让学习变得有趣，让孩子爱上学习。

划重点

如何帮助孩子提高学习效率？

·让孩子当老师，可以达到很好的学习效果，其学习保持率可高达 90%。

·小组讨论，学习保持率在 50%。

择校择什么？

一直都有家长问我：择校，有必要吗？我一般都会非常肯定地回答：有必要！非常有必要！

那么，择校，都择什么呢？

第一，看校长。

这是择校中最核心的一点。俗话说："火车跑得快，全靠车头带。"一个组织里如果领导者没有朝气、霸气、想法、办法，这个队伍他就带不好。

现在，无论是公办学校还是民办学校，基本都是校长负责制。校长的个人魅力，他对教育的理解，他的领导力和管理能力直接决定了学校的发展方向、发展水平及生命力，可以说，校长是学校的核心人物，是一所学校的灵魂。

上海一所中学的某位校长，精心打造学校 20 年，使得该校成为上海名校之一。他每年都会搞校园狂欢节，师生同乐。这位校长会扮上不同的造型：灰太郎、鸟叔、佐罗、孔子……他卸任之前的最后一届狂欢节的造型是特警，给全校师生带来了无比的欢乐。

另外一所学校的校长是语文特级教师，她的到来使得学校焕发了生机和活力，她也一度是三所中学的校长！还有一位有经验的校长，具有很大的社会影响力，为学校引入了丰富的资源。

第二，看特色，看优势。

每所学校优势不同，老牌名校有优势，新学校也有自己的优势。要看这所学校和孩子的匹配程度。有的学校擅长搞活动，有的学校文科特别强。比如上海曹杨二中，文科非常强，德语班是他们的特色班；上海私立永昌学校，特色是机器人项目和高尔夫项目，强项是编程，学校的一些同学参加了世界机器人项目比赛，拿了大奖，直接申请了海外的学校；上海建平实验学校的"未来城市"项目也在国际上拿过大奖，孩子们到美国纽约比赛并获奖，非常令人骄傲！家长要提前对各个学校的优势和特色做足了解，才能为孩子选择相匹配的学校。

第三，看师资。

　　一所学校的核心竞争力不是校舍，不是球场，是师资。师资是一所学校最宝贵的资源和财富。打听一下过往的家长对老师的评价，看看老师的职业素养和能力，他们的思维是否更开阔，是否愿意接受新鲜的教学方法和资讯，教育学生是否更人性、更科学，老师是否会组织一些看似轰轰烈烈，实际有违教育规律的教学活动。

　　第四，看同学。

　　对孩子们来说，跟谁在一起很重要，尤其是初中的孩子。同伴之间的影响力是巨大的，孩子和什么样的人成为伙伴，关系到他们的未来。和老师的教育相比，孩子们更容易受同龄人的影响，身边的榜样有怎样的目标、怎样的价值观、怎样的学习习惯、怎样的品格，都会深深影响着孩子。

　　第五，观察孩子的状态。

　　尊重和接纳孩子的地方，就有儿童的欢笑；功利主义盛行的地方，总能听到孩子的哭泣。我常常告诉一些家长们，考察一所幼儿园最简单的办法，就是看看这里的孩子快乐不快乐。每天早晨去幼儿园看看，孩子是高高兴兴地进去，还是吵嚷哭闹着不肯进去。孩子们上幼儿园的情绪状态，会告诉你这家幼儿园值不值得选择。而且，这个方法很准确。

择校择什么？

· 看校长。

· 看特色，看优势。

· 看师资。

· 看同学。

· 观察孩子的状态。

如何完成幼小衔接？

幼小衔接到底该衔接什么？要回答这个问题，需要普及一个词——信息环境转换。

人的一生共经历三次重要的信息环境转换：从家庭到幼儿园，从幼儿园到学校，从学校到社会，然后才能完成整个逻辑思维形成过程。

这三次环境转换，使孩子从家庭的放肆环境，逐步融入到社会的选择环境。其中任何一次转换偏差，都有可能使孩子无法很好地融入社会。

由此可见，幼小衔接很重要，它是人一生中第二次信息环境转换，也是孩子整个逻辑思维形成过程中的承上启下环节，对孩子的影响很大。

在这个阶段，会遇到什么问题呢？

首先，会造成熟悉性信息的改变。

从幼儿园到学校，环境改变了，但孩子在原有环境形成的思维惯性还没有改变，所以会出现思维上的不适应。在家里和幼儿园，父母和老师迎合孩子的时候居多，但是在学校，这种思维模式就行不通了，孩子要服从老师的安排，维护集体的利益，于是孩子从自我中心的神坛跌下，只能摸索新环境的生活模式，这会让他们感觉到不适。

其次，会带来巨大的心理压力。

幼儿对环境的适应能力和成人无法比拟。我们成年人到一个新的工作环境，也会小心翼翼，紧张不安，何况孩子。在这个阶段，他们要独立接触很多陌生的人和事物，适应新的规则，这都会给他们带来巨大的心理压力。

有一对夫妇刚刚回国，孩子恰好上小学，但不肯去，每天早上都要哄着才去。妈妈问我有什么办法。我就问妈妈，你回到上海工作压力大不大？妈妈说，当然大了，我十多年都在多伦多，对国内环境不熟悉，非常不适应。我说孩子也一样，他从英语为母语的环境突然转到汉语为母语的环境，怎么能一下就适应？不适应当然就不想上学了。在我的建议下，她让孩子晚上了一年学，第二年，孩子再也没说过不肯上学。

这其实就是信息环境转换带给了孩子心理压力，又没有及时排解，于是引发了孩子的"逃避感""拒绝感"和"放弃感"等心理健康问题。

那么，该如何减小这个阶段孩子的心理压力呢？幼小衔接中出现的问题，我们又该怎么应对呢？可以从内外两方面来应对。

1.外在培养，指导孩子的社会性衔接。

在幼升小阶段，家长普遍重视"智育"衔接，识字、数学、拼音都在超前学，以为这就是幼小衔接，却忽视了习惯和社会适应能力的衔接，这便是当前普遍存在的"衔接错位"——衔接得不对或者不全面。

小学生的课堂时间和课余时间由自己支配，生活需要自己管理，这就要求他们有较强的独立生活的能力。所以，在孩子幼儿园大班时，就要培养他们独立生活、学习的能力，让孩子学会自理、自立、合作。比如，让他们学会自己整理、保管学习用具，按时独立完成老师布置的家庭作业，学会穿衣、吃饭等。

我儿子上小学一年级时，班里一个男孩总是尿裤子，因为他不会脱裤子，裤子还没脱下来呢，就尿了。同学们因此嘲笑他，他非常难过，也不喜欢去上学。这就是由于自理能力不强而造成的不适应。

我们可以通过竞赛活动来强化孩子这方面的能力。上海杨浦区一个幼儿园做得就非常好，大班第二学期的时候，就让孩子们定时定点上厕所，自己吃饭，自己系鞋带。

另外还要注意时间。小学的生活节奏跟幼儿园截然不同，为了使孩子入学后能较快地适应小学节奏，幼儿园可以适当改变作息制度。在大班第二学期，可以延长上课时间，也可以适当增加课时，逐步减少睡眠时间，作息上尽量和小学同步。

最后，让孩子提前到小学适应也是很好的方式。上海有一所小学，专门腾出一块地方给幼儿园大班的孩子来适应。一年级的小学生跟幼儿园大班的孩子年龄相差不大，可以无障碍交流，传授他们经验。这可让幼儿从思想上、感情上为上小学做好准备。

2.内在培养，提高孩子的专注度。

幼儿园对幼儿的专注度要求没有那么高，但上了小学就不同了，需要孩子长时间地专注，专注的程度也大大加深。在课堂上不但要认真听讲，还要做出积极的反应，这对6岁的孩子来说是不小的挑战。

所以，我建议从幼儿园大班开始就对幼儿进行专注度训练。拼图是个不错的方法。

我儿子从小就玩拼图，开始几百块都难拼成，现在上千块都不在话下。这其实很不容易，每一次都要极度专注，需要拼两三个月，经历一次又一次失败，才能成功。这不但锻炼了孩子的专注度、观察力，还磨炼了他的意志品质。

除此之外，阅读、手工制作、迷宫破译，甚至是数豆子都能锻炼孩子的专注力。我想特别提醒的是，人是通过视听语言来感受信息的动物。在培养视觉专注的时候，也要培养孩子的听觉专注。只有听觉注意力与视觉注意力协同发展，孩子才能做到真正专注。因此，在孩子和你沟通的时候，请你放下手中的工作，专注地听孩子说话，给孩子做一个专注的好榜样。

相信做好这两点，幼小衔接将不再成为问题——无论环境如何转换，孩子都能适应。

划重点

幼小衔接会遇到什么问题？

· 熟悉性信息的改变。

· 面临巨大的心理压力。

父母如何应对?

· 外在培养，指导孩子的社会性衔接。

· 内在培养，提高孩子的专注度。

什么样的孩子适合出国？

第一，家长和孩子要对出国留学和国外的课程体系有正确的认知。

国外并不是我们想象的快乐教育，学习压力甚至远远大过国内，国内的应试教育主要是刷题，完成老师布置的学习任务，跟紧老师就行；国外大学则非常讲究学术水平、学术诚信和学生综合素质的培养。很多在国外留学的同学都对此深有感触，通宵阅读课前材料，圣诞节写三篇论文，每周阅读 500 页论文，都是家常便饭。国外大学重视学生的批判性思维，所以作业和论文都必须"原创"。即便是参考一些资料，也不能照书全抄，要注明出处，还要进行进一步的阐述和论证。所以，国外的课业压力也是非常大的！

中国学生已经习惯了"标准化"考试，但国外老师鼓励同学们提供创造性的解决方案和独立思考，这一点可能开始会让一些中国学生无所适从。

国外高中更注重兴趣开发，选课更加灵活，国内则比较注重基础知识的严谨扎实。一个孩子在这两种学习系统中完全可能有截然不同的发展。如果在国内读高中，即使你不喜欢某一科或者某一科成绩不好，也不得不学。但在国外高中，可以根据将来要读的大学专业或未来的从业方向选择课程，这大大调动了孩子学习的积极性。

第二，孩子应具备一定的自控能力。

在中国，孩子的学习和生活都有人监管或照顾，在学校有老师管理和约束，回到家后有家人督促和照顾。而到了国外，学校的管理比较松散，基本上靠学生的自我管理。

这就像一根弹簧，孩子在国内受到父母和学校的双重约束，处于一种紧张状态。到了国外，突然没有人管了，如果孩子不够自律，或不会合理安排自己的时间和生活，就很容易出现问题。特别是年龄小的学生，自控能力更差，可能会出现沉迷于电子游戏、接触不健康事物的情况。

国外不少学校的教育实行的是"宽进严出"，如果想在毕业时有一个好成绩，在校期间就需要不断地学习和自我激励。所以，尽管一些大学没有严格的考勤制度，管理显得很松散，但其实作业繁多、考试不断。那些习惯了死记硬背、缺乏自主学习能力的学生，很难在短时间内适应。

第三，孩子必须具备一定的生活能力和社交能力。

在国外学习和生活，难免会碰到困难、挑战，情商高、自理能力强的孩子无疑更适应。所以要提高孩子的情商——自信、乐于表达、懂得沟通、擅长处理人际关系、能够与老师和同学友好相处，这些都有助于孩子在异国他乡生活。还要培养他们的自理能力，放手让他们做一些力所能及的事。

第四，父母社会性的高低决定了能否支持孩子出国留学。

父母需要为孩子提供的支持有：足够的人脉——支持孩子的学术活动；较好的英语水平——和外国人打交道；海外资源——协助孩子解决问题。父母是否具备了这些条件，是孩子出国留学前需要认真考虑的问题。

孩子出国留学是对整个家庭的考验，孩子在海外独自奋斗，父母在国内遥控指挥，孩子和父母都需要有更高的智慧来应对。

任何一个远赴异国求学的孩子，都会遇到这样那样意想不到的困难，也都会产生低落的心情，家长要做孩子的导师和朋友，鼓励孩子积极面对。这是孩子能否顺利完成学业的关键所在！

划重点

什么样的孩子适合出国？

·家长和孩子要对出国留学和国外的课程体系有正确的认知。

·孩子应具备一定的自控能力。

·孩子必须具备一定的生活能力和社交能力。

·父母社会性的高低决定了能否支持孩子出国留学。

巧用社会教育资源

社会教育资源包括博物馆、科学馆、艺术馆、纪念馆、图书馆、公园、植物园等公众场所，还包括社区、养老机构等各大企事业单位，孩子生活在这些复杂的社会关系网络中，了解和认识这个网络社会，并积极融入其中，是孩子健康发展的必要条件。

因此，社会课程也是孩子的必修课。

孩子对社会的认识是从出生就开始的，从最初的家人到周围的社会环境，随着孩子活动范围的扩大和认识能力的增强，他开始通过直接或间接的方式了解这个广阔的社会。社会课程的安排就是遵循孩子由近及远、由浅入深、由具体到抽象的认识主线，引导孩子认识自己、社会、国家，乃至整个世界。

在美国，社会资源是为整个教育系统服务的。全美各地仅博物馆就有 6000 多家，平均每个州 120 多家。例如，仅 700 多万人口的纽约市就有 130 多个主题各异的博物馆。同时，社区的人力、财力资源等在联邦政府的统一规划下，必须承担起服务教育的义务和功能。博物馆还尽可能为教师备课、上课提供便利，如果教师需要，只需办理简便的手续，就可将某些藏品借回学校去研究或在课堂上展示。美国联邦政府更是充分利用这些场馆和设施进行爱国主义教育，将其教育功能发挥到极致。

人，是社会的人，我们早晚要把孩子交给社会，孩子早晚会成为社会人，所以尽早了解社会、适应社会很重要！教育离不开学校、家庭、社会，单靠学校和家庭的力量不足以教育好学生，三者力量相加才能有更好的效果。

北京一所学校拥有丰富的社会资源，如研究院所、科学家、良好科学素养的家长等。经过学校的协调和努力，这些社会资源成为学校开展科学教育的重要资源。学生走进中科院、工程院的各大研究院所、国家各大博物馆、实践基地等开展学习活动；走进植物研究所，参观标本室、认识珍稀植物、采摘标本；参观地质与地球物理研究所的实验室，感知磁场，测量尘土的磁含量；在自动化研究所体验人机大战，聆听 3D 打印技术讲座，还见到了可爱的仿生机器鱼；在微生物研究所做 DNA 实验；在声学研究所了解声音的奥秘；在古脊椎动物与古人类研究所了解史前生物，动手制作恐龙模型……

青少年时期正是从童年走向成年的关键期，学生的认知逐步形成并渐渐稳定。这个时期更需要正能量的、优秀的智者做他们的领路人。

上海一对夫妇有两个孩子，他们每年春节都会带孩子走进一个少数民族地区，跟他们一起过年，十年时间，他们到过侗族、瑶族、蒙古族……看着他们的相册，我感慨万千，他们的孩子明显比其他孩子成熟，并且非常热爱少数民族文化。这对夫妇对孩子的教育则是充分利用了社会资源。

孩子来到这个陌生的世界，慢慢和这个世界融为一体。父母要做他们的引领者，引导他们去认识这个世界；和他们并肩探索，一起为世界的博大精深惊叹；在他们发现了世界的奥秘时，为他们加油喝彩！

划重点

·社会课程也是孩子的必修课。

·教育离不开学校、家庭、社会，单靠学校和家庭的力量不足以教育好学生，三者力量相加才能有更好的效果。

第六部分

父母常犯的教育错误

"红脸白脸"的教育方法最伤娃

我经常听到家长类似的抱怨:"我今天让孩子做啥啥啥,老公在旁边一个劲儿地阻止我,我简直气炸了!""我想让孩子学习编程,老公说学那个有什么用,将来有个好身体比什么都强,来,爸爸领你打羽毛球!"

这种场景是不是太常见啦!

有一份对900多名中学生及其家长的问卷调查显示,六成年轻父母在教育孩子时常常出现意见不一致。那么,父母教育孩子的不一致性,对孩子会有怎样的影响呢?

1.使孩子失去被正确教育的机会。

当父母意见不一致时,孩子会本能地选择有利于自己的一方,也就是说,谁护着自己,他就倾向谁。比如孩子想吃零食,妈妈不同意,爸爸却说:"不要紧,就让他吃吧。"孩子得到了爸爸的支持,更会不达目的不罢休。

而且孩子会利用这个"漏洞"，以后有什么需求就向支持他的那一方求助，但如果另一方的意见才是正确的，就会使孩子失去被正确教育的机会。比如，有节制地吃零食才是正确的，但由于爸爸的支持，孩子每次都可以肆无忌惮地吃零食，而妈妈的教育此刻不但没有作用，而且被爸爸带偏了。

2. "红脸白脸"的教育方法让孩子无所适从。

以前，父亲在家中有绝对权威，孩子的教育大多是父亲说了算，严父慈母居多；但现在，女性在家庭教育中反而起着主导作用。一项调查表明，有60%的母亲在家庭教育中担当主要角色，父亲真正起主导作用的不超过15%，由父母共同承担教育责任的只有10%。而且，严母慈父的组合越来越多。

一严一慈，即"红白脸"的搭配有什么弊端呢？原本，父母只是为了更好地教育孩子，想通过"严厉又温柔"的方式来解决难题，但事实上，这种方法会让孩子无所适从。先对孩子极尽苛责，再好言好语抚慰，教育标准前后不一，孩子会感到迷茫：我到底错了没有，你们俩究竟谁说的对？他也不清楚自己为什么会获得安慰，难道仅仅是因为不让他继续哭泣，或不让他继续叛逆？

父母为了让孩子认识到错误，同时又不受伤害，于是演一出"红白脸"的戏。但现在的孩子非常聪明，很容易识破父母的伎俩，并因此降低了对父母的信任。下次再出现这种情况时，要么假装服从，要么谁的话也不听。

因此，"红脸白脸"的教育方式父母要慎用。

3. "红脸白脸"的教育方法会让孩子产生负罪感或培养出"两面派"。

当然，不是所有的孩子都能识破家长的伎俩。相反，有些自我认知度低的孩子会把父母争执的责任归咎于自己。确实有父母"假戏真做"，真的吵起来、打起来了，这更会造成孩子的心理负担，让他产生负罪感。

专家认为，对于认知程度、分辨能力、独立性等方面比较差的孩子，最好不要一个唱红脸，一个唱白脸，而是要有大概一致的教育理念。如果父母就一件事总是有不同的看法，长此下去，孩子会产生强烈的内心冲突，因为父母都是他最亲密的人，他不想"背叛"任何一个。也有些孩子为了讨好父母，会两个人的话都听，在妈妈面前听妈妈的，在爸爸面前听爸爸的，于是，父母培养出来的很可能是一个"两面派"。

那么，父母如何更好地就孩子教育中的问题达成一致呢？有两个黄金定律：

1.每天陪伴孩子的那个人才有权为孩子的日常事务做决定。

现在，育儿观念满天飞，育儿专家、医生、孩子的爷爷奶奶、朋友、亲戚……每个人都在教你如何育儿，爸爸听这个人的，妈妈听这个人的，就很容易造成分歧。但是，他们的观念就一定对吗？他们并没有和你的孩子一起生活，并不了解你的孩子，所以他们的建议不一定对。只有你们才有资格对孩子的事情发表意见，不用听任何人的，从孩子的实际情况出发，就很容易达成一致。

2.在家庭关系中，夫妻关系是第一位的。

在家庭中，亲子关系固然重要，但夫妻关系才是第一位的，它对孩子的成长具有重大的潜移默化的影响。

每一个孩子都是在父母的影响下长大的。他从父亲的身上观察和思考什么是男人，从母亲的身上观察和思考什么是女人；从父母的相处方式，观察和思考什么是爱情和婚姻，并学习和实践男女之间的理解与合作。父母的方方面面是孩子的第一本书，对孩子的一生产生着深远的影响。

所以，父母有义务经营好彼此的关系，为孩子写就一本好书。在这个过程中，肯定会发生矛盾，尤其是产生不一致的教育理念。但为了孩子的成长，父母有义务深入沟通、达成一致，或求同存异。总之，不能因为教育理念的不同造成孩子的困扰。

最好的家庭氛围是全家人共同成长，相互尊重，求同存异。爸爸和妈妈最好是共同商量，形成合力，尽量达成一致性。

或者也可以让孩子参与到其中。因为他是教育理念的直接承受者，他更清楚什么样的教育方式适合自己。而这样民主的家庭氛围，一定更利于孩子的成长。

划重点

红脸白脸理论，对孩子有怎样的影响？

· 使孩子失去被正确教育的机会。

· 让孩子无所适从。

· 让孩子产生负罪感或培养出"两面派"。

父母如何做？

·每天陪伴孩子的那个人才有权为孩子的日常事务做决定。

·在家庭关系中，夫妻关系是第一位的。

你控制过孩子吗？

曾经在网上看到一个热帖：一个女孩控诉母亲对她的控制。

她写道："从六七岁到十七岁，我基本每个周末放学后都被锁在家里，放假也很少出门，多半在学习，没有娱乐。除了戏曲频道和新闻外，不允许我看其他的节目，年龄越大越是如此。更让人无法理解的是，回家的时间也要完全被控制。母亲晚上从窗户可以看到我回家的路，不允许我走得慢，不允许和同学一起走。家人告诉我，除了成绩好的同学，其他的同学都是无用的。还告诉我，不可以和男生说话，不可以让男生帮我拿东西，否则看见了会被骂'婊子'。"

豆瓣上有个热门的小组叫"父母皆祸害"，聚集的是一大批认为父母根本不了解自己，想要处处控制自己的人。

可怕的是，这些控制都打着爱的名义。从心理学来看，无微不至就等于无恶不作。这不得不让人感叹：爱呀，多少伤害打着你的旗号在作恶！

控制欲是指人对某事或某人的绝对支配或占有的欲望，被控制者思想上和行为上都不允许违背控制者。

但是，每个人或多或少都会想要控制一些事物或人。通常，内心越是缺乏安全感的人，控制欲望越强烈，那些谨小慎微、追求完美、心里总不踏实的人更希望控制别人。

控制欲强是内心恐惧、弱者的表现，是控制者为了抚慰自己的焦灼与不安。一旦谁成了控制者，他就会越来越弱，越来越紧张、恐惧、绝望。

父母过度的控制，则是将自己的意愿强加给孩子，强迫孩子成长为自己期望的样子。那么，什么样的行为是过度控制呢？

1.监控。时刻想了解孩子的动向，并认为这种行为天经地义。不仅行为要监控，最好思想也能监控。

2.强制。当孩子的言行与自己的意愿不一致时，不会尊重孩子的意见，而是强迫孩子按照自己的想法去做，为此不惜使用暴力、威胁等手段。

3. 贬低与漠视。这是一种隐性的控制行为，可能很多人意识不到。有这种行为的家长，会贬低孩子的缺点，使其自我怀疑；而当孩子遇到困难，家长往往坐视不理，任由孩子受伤害。久而久之，孩子会形成一种心理："我就是很差，所以要听爸妈的话。""我这么差，只有爸妈才爱我。"这样家长才可以更方便地控制孩子。

4. 镇压。在孩子不受控制时气急败坏，一旦孩子出现家长意料之外的自主行为，无论对错，家长的第一反应就是反对和镇压。

5. 道德绑架。你有没有说过类似的话："家里所有的钱都供你上学，所有好吃的都给你吃，爸妈为了你豁出命也值得——你还能不听话吗？"

父母控制欲过强是孩子的灾难。伦敦大学一项研究发现，父母的控制行为和孩子以后的心理健康问题存在关联，父母控制欲过强对孩子幸福感造成的负面影响，竟然与痛失至亲对人们产生的负面影响程度相近。大家切身感受下，这对于孩子来说是怎样的痛苦？

父母之所以极端控制，是因为自身的不完善，让孩子成为自我的延伸，从而修补自身的人格不全和自卑。这种潜意识会在很多方面操控孩子的生活，如果孩子照做了，那只是完善了父母，却没有完善孩子自身，孩子没有机会自我成长。

那些在过度控制下长大的孩子，都会有一些"通病"，只是程度不同。比如：自卑，自我否定；敏感，抗压能力差；叛逆，情绪暴躁；难以发展正常的人际关系。

最终，控制欲望强的父母可能会收获最大的失序——要么孩子的个人意志被他们的控制欲望杀死，要么孩子叛逆成为一个他们所惧怕的"坏孩子"。

那么，父母如何控制自己的控制欲？最重要的一点，要懂得"界限感"。

界限感这个东西，摸不着也看不见，却是实实在在存在的。一定要学会亲情"断舍离"，尊重家庭个体的彼此差异。每个人都是不同的，有不同的爱好、不同的追求、不同的想法，自己觉得好的事情，对方不一定觉得好，不能因为是家人，就要强迫让对方认同自己的想法。

控制是最坏的教育！在"看见"孩子之前，先要看见自己。然后，用心去了解和沟通，去理解孩子内心真正要的是什么，而不是一味地将自己的思想和生活挤进孩子的未来。

如果说养孩子就像放风筝，母亲总要拉一条掌控的线，但当风筝乘风飞舞的时候，母亲要及时剪掉手里的线，才能让风筝变苍鹰，去翱翔属于自己的天空和人生。总想控制孩子的母亲，谁的人生都不能成全。

英国心理学家克莱尔说："世界上所有的爱都以聚合为最终目的，只有一种爱以分离为目的，那就是父母对孩子的爱。父母真正成功的爱，就是让孩子尽早作为一个独立的个体，从你的生命中分离出去，这种分离越早，你就越成功。"

✏️ **划重点**

· 从心理学来看，无微不至就等于无恶不作。

· 父母过度的控制，则是将自己的意愿强加给孩子，强迫孩子成长为自己期望的样子。

· 控制欲望强的父母可能会收获最大的失序——要么孩子的个人意志被他们的控制欲望杀死，要么孩子叛逆成为一个他们所惧怕的"坏孩子"。

物质奖励要谨慎

　　心理学上有一个著名的实验，叫"雷珀实验"。心理学家雷珀挑选了一些爱绘画的孩子，分为 AB 两组。在画画前，A 组孩子得到许诺：如果画得好，就能得到奖品。而 B 组孩子则被告之："我很喜欢你们画画，我想看看你们画的画。"两组孩子都高兴地画了自己喜爱的画。A 组孩子如愿得到了奖品，B 组孩子则得到了赞美。

　　三个星期后，心理学家发现，A 组孩子大多不主动去绘画，他们绘画的兴趣也明显降低。而 B 组孩子则仍和以前一样愉快地绘画。后来，心理学家又把这个实验在不同国度、不同兴趣组进行了多次论证，结果都是一样的。

　　有人得出结论，物质奖励很难维持孩子做事的持续度。物质奖励的确可以在短期内强化某些良性行为，但是这种方式也有可能使孩子丧失对事情本身的兴趣。或许一开始孩子还挺积极的，但到后来会越来越不管用，孩子会在感觉"物质"足够时放弃。所以，如果孩子原本就热爱一件事情，突如其来的物质奖励只会成为他的困扰。

我并不反对实验的结论。但是这个实验并不能回答"到底该不该用物质奖励激励孩子"这个问题。相反，这个实验恰恰说明了物质奖励是一个重要的方式。

雷珀实验针对的是已经热爱绘画的孩子。在这种情况下，使用物质奖励会模糊孩子对事情本身的兴趣。当物质奖励对孩子毫无吸引力的时候，孩子将会对原本热爱的绘画再也提不起兴趣。

有心理学家说，孩子是否有内在动机和主动性，决定了他能否做好一件事。内在动机会让孩子自愿主动地做事情，外部动机则是外力作用。简单来说，孩子们天生具有好奇心和探索欲，这是内部动机在起作用。因为在探索过程中，他们能体验到学习和成长的快乐，所以乐于去做。但如果父母常用玩具或零花钱去激励他们学习、做事，孩子的内部动机就会转化为外部动机，他们不再为了自己的兴趣而做，而会为了奖励而做。而奖励不会永远有吸引力，也不是次次都有，于是进步就难以维持。

所以我们要认清：物质奖励不是没有用，而是用不对就成了凶器——吞噬了孩子的内驱力。

人一般有三个基本心理需求：归属感、自主感和胜任感。孩子也一样，这三个心理需求得到满足，就是主动做事的必要条件。

归属感就是要让孩子感受到爱、尊重和接纳。如果你对孩子的爱或者表扬是"只有你……才可以……"这种模式，那么，孩子的受控感增加了，自主感自然就下降了。

自主感就是要让孩子感到自己的行为可以由自己决定。当孩子感到某件事可以由他自己决定时，他的心情是愉快的，做事情的积极性明显要高。

胜任感则是让孩子觉得他能做到。大人也一样，当某件事你做得到的时候，你的胜任感就是一种内驱力，驱动你主动去做。

所以，奖励孩子时，要考虑到是否能满足孩子这三个心理需求，至少满足其中之一。而物质奖励可能会破坏这三种心理需求，所以要谨慎使用。

✏️ 划重点

· 物质奖励不是没有用，而是用不对就成了凶器——吞噬了孩子的内驱力。

· 奖励孩子时，要考虑到是否能满足孩子这三个心理需求：归属感、自主感、胜任感。

艺术教育不是艺术技巧教育

美国曾做过一个5万多名本科毕业生参与的问卷调查。其中有一个问题是：什么知识最有用？毕业1～5年的毕业生的答案是"基本技能"，毕业11～15年的毕业生的答案是"人际关系"，而毕业16年以上的毕业生则说：艺术最有用！

艺术教育是人类生命早期发展的主要动力，是全面提升个体素质与能力的重要路径。孩子是天生的艺术家，每个儿童都天生拥有游戏的精神和艺术的心灵。

一些教育家主张，7～14岁期间，艺术教育应该成为学校生活的主要内容。因为没有艺术和游戏陪伴的儿童，是孤独不幸的；没有艺术和游戏的童年，是黯淡无光的。

如果孩子整天忙于作业和考试，几乎没有空余时间，又怎么有能力进行富于想象的创造。托尔斯泰曾经说过：

"如果学生在学校学习的结果是使自己不会创造，那他的一生将永远是模仿和抄袭。"

可能有的家长想象不到：艺术教育有助于提升人的心理调适能力。人的心理普遍存在承受力小、调适能力差的情况，而艺术直接作用于人的情感世界，与人的身心关系最为紧密，使人的生活方式由"物质化、身体化"向"艺术化、审美化"转变，因而具有心理治疗作用。

有科学研究显示，在充分的艺术教育与其他学科成绩测验之间，存在着稳定的正相关关系。参加艺术活动的学生在口头记忆测试上所获得的分数，要比班上那些没有参加艺术活动的同学明显高出许多。

艺术教育的存在，把教育生活连缀为一个和谐的整体，让学习生活变得更加轻松、美好，让生命在高强度的学习过程中并不显得紧张与忙碌，而仍然拥有从容与优雅。

对家庭而言，在家庭中有意识地开展艺术教育，首先能够让日常生活变得诗意，让教育变得柔软。

对人类而言，艺术教育能够帮助我们形成看待世界的第三只眼，交给我们开启世界的另外一把钥匙。人们一旦学会了用艺术的眼睛去看待世界，也就会自然而然地用这只眼睛省察日常生活、反观自我成长，从而在心灵中发现自我，在精神中获得丰盈，在生命中感受意义，在人生中活得从容。

不过，我们也看到，现实生活中，很多家庭的艺术教育已经畸形。

以强制的方式让孩子痛苦地有一种特长爱好，孩子最多可以收获特长，不可能收获爱好！

为了替孩子在遥远的地方准备他可能永远也享受不到的所谓幸福，先把他弄得那么可怜。即使说这种教育在目的方面是合理的，但把孩子置于不可容忍的约束之下，硬是要他们连续不断地练习，本该欢乐的年华在恐惧、惩罚和哭泣中度过，这种做法对他们没有一点好处！

艺术教育应该是甜的。

孩子学才艺需要吃苦，需要家长拿着鸡毛掸子站在旁边监督，这是近年来流行的一种误导。误导的直接后果就是，在艺术教育中，人不再关心艺术的娱乐价值和艺术价值，只关心它的实用价值。只强调才艺学习要吃苦，却不懂得带孩子品味其中的甜美。例如有的人舍得每月花几千元给孩子找音乐辅导老师，却不舍得花 500 元带孩子去听一场音乐会。

学钢琴是为了考级，学舞蹈是为了加分，艺术教育中的艺术价值被削减，只剩下了谋生价值。在培养孩子艺术爱好时，经常用世俗价值削减艺术之美，只剩下干巴巴的技巧！

艺术教育不是艺术技巧教育，一个人纵使熟练掌握一门技艺，如果不包含热爱，也不过是个普通匠人。

划重点

· 艺术教育有助于提升人的心理调适能力。

· 艺术教育的存在，把教育生活连缀为一个和谐的整体。

· 艺术教育应该是甜的。

· 艺术教育不是艺术技巧教育，一个人纵使熟练掌握一门技艺，如果不包含热爱，也不过是个普通匠人。

起跑线上的恐慌

孩子的成长需要循序渐进，人生如阶梯，一步一步往上走，才最稳健。

不过，我们看到最多的却是"抢跑"，幼儿园学小学的东西，小学上中学的课，到了大学里，反而要补幼儿园该学的行为习惯、人格培养。这成了典型的"捡了芝麻，丢了西瓜"！

有研究表明，在学前班认识较多汉字的孩子，一年级的语文会领先其他孩子，但是到了二年级，水平就与其他孩子持平了。那些抢跑的孩子，放在时间的长河里来看，也并没有超前。而按部就班，脚踏实地，也未必会输，甚至可以步步为营。

如果成功有捷径，那么按部就班一定是其中的一条。让孩子按部就班地成长是父母最大的成功。但是，没有多少父母内心强大到有勇气让孩子慢慢成长。很少有家长会对孩子说：孩子，我宁愿你按部就班，慢慢来，就算时光不等你，妈妈愿意用尽全身力气去等你。

德国幼儿园没有年级，所有年龄的小朋友都混在一起；德国小学都是半日制，下午没有课，只有课外活动；英语三年级才开始学习；小学四年级毕业，学生根据老师推荐升学，学习技工、中专或者上以后能上大学的文理中学。然而，全世界有近80亿人口，为什么1亿多的德国人和其他国家的德裔分享了世界上一半的诺贝尔奖？答案竟然是——不要过早过度开发儿童智力，让孩子输在起跑线上。

欧洲人普遍认为，孩子有自身的成长规律，他们在相应的阶段要做相应的事情。表面上看，中国的学前教育和基础教育很扎实，但他们的想象力和思考能力已经被破坏掉，由此造成了孩子被动接受知识而疏于主动思考的习惯。

从目前教育认知的诸多误区来分析，有几点需要家长们了解：

第一，过于强调孩子发展的一致性，忽视了差异性的客观存在。幼儿身心发展存在着一致性（共性），也存在着差异性（个性）。父母需要充分了解孩子的个性特点，尊重孩子的个性差异，并根据孩子的不同特点采取个性化的教育策略。不同的孩子本就不在同一"起跑线"上，又如何会有"起跑线"上的输赢可言呢？

第二，过于强调外在激励对孩子发展的作用，忽视内在动机的作用。幼儿的发展包括绝对发展与相对发展两个方面。"不要让孩子输在起跑线上"的观点过于强调了幼儿发展中的相对竞争，而忽视了自我竞争。在现实教育中，幼儿的好奇心往往被教育者忽视或否定，从而严重阻碍了幼儿创造性的培养，因此父母在引导幼儿与他人竞争的同时，更要引导幼儿与自己竞争。

第三，过于强调对孩子发展的控制，忽视自主精神的培养。孩子的发展要遵循孩子发展的规律与特点，并不是教育者"让"孩子怎样，孩子就会怎样的。

其实，这种所谓"起跑线上的恐慌"，更像是一种焦虑症。说它是一种焦虑，原因在于很多家长都担心自家孩子跟不上别人，这种情绪极易在家长群体中传播，甚至形成一种惯性思维。孩子之间的竞争，其实是每个家庭之间的博弈。急功近利、急于求成其实是一种普遍的社会心理，无不体现了这种"起跑线上的恐慌"。

划重点

·起跑线上的恐慌，更像是一种焦虑症。

·如果成功有捷径，那么按部就班一定是其中的一条。

·孩子有自身的成长规律，他们在相应的阶段要做相应的事情。

如何给孩子定规矩？

家长朋友，你有没有给孩子定过所谓的"规矩"？这些"规矩"孩子遵守得如何？孩子听你的安排吗？

不少家长都向我反馈，给孩子定的规矩，经常是无用功。下面给大家分享一点定规矩的心得。

第一，一定要面对面说话，小家伙才听你的，要提醒孩子看着你。

跟孩子说话时，你不仅不能分神，还要非常专注地看着他的眼睛。有许多妈妈自己在忙活其他事，在房间里进进出出的，根本不知道孩子有没有按她的话做。其实，这是一个常见的错误，你可以通过"吸引孩子的注意力"来改正。

吸引孩子的注意力，最简单的一个办法就是叫孩子的名字。要和孩子产生眼神交流，离孩子近一点，再叫他的名字。你可以对孩子说："看着我。"或者走到他的跟前，看着他的眼睛，再提出你的要求。一定要这么做！否则，无眼神交流的指令，无疑会减少孩子听话的可能性。

这其中有着怎样的奥秘呢？两个人之间进行眼神交流时，就会有一种约定感，说起话来也更有说服力。眼神交流还有另外一个好处：如果孩子正玩得起劲儿，他可能根本没注意到你在跟他说话，而跟孩子进行眼神交流则可以让他暂停手上的事，认真听你说话。如果这时妈妈看着孩子的眼睛说话，那孩子就会明白妈妈是认真的，要好好听妈妈说话，这就能让他的注意力集中起来，更快速地完成妈妈交给他的任务。

第二，态度要尊重，口气要坚定。

许多家长在跟孩子说话时都用一种居高临下、愤怒、挖苦的语气，即使不是故意的，孩子也能敏锐地察觉到，这会给孩子一种心理压力，让孩子也以同样的语气与家长对话。有的家长在没招时，会用哀求的口气跟孩子说话，比如："你能帮我吗？"这些家长可能还不太明白为什么孩子还是不听。因为孩子只会从字面去理解这句话，觉得"这个忙可帮可不帮"。和孩子说话时，注意不要用容易被他拒绝的方式，而要用引起他注意力的方式直接表达你的意思，不要采用询问的方式，而要以尊重的态度、坚定的口吻直接告诉他应该怎么做，然后保持眼神交流，让他做一件具体的事，比如："请马上开始收拾玩具！"

第三，非语言交流要严肃、沉稳。

非语言交流，主要是指你的姿势、手势、表情、语气、语速和音量等。你可以背着手站在孩子面前，表情要严肃正经，语气要坚决，但不要吼叫。孩子对你的语言信息回应得越少，对你的非语言信息回应得就越多。孩子越来越大的时候，他才会注重语言信息，但同时也会察觉你的非语言信息。如果你的话语表达了一种意思，而非语言信息却传达了另外一种信息，那么孩子立即就会意识到你的踌躇不定。你的非语言交流一方面反映了你的真实感情，很难"装模作样"，另一方面你又必须努力做出一副坚决果断的样子。那么，你应该怎么办呢？你可以暗自给自己打气，保持冷静。这种信息会通过你的非语言交流传达给孩子，并让孩子意识到你绝不是随便说说。

第四，站在旁边看结果。

跟孩子定完规矩后，你不用做任何事，只需站在一旁静静地看着孩子，大约持续15秒，15、14……奇迹往往就是因此发生的：这会给孩子施加一定的压力，促使他完成你的要求。注意，千万不要大吼大叫，更不要挖苦，否则只会激化矛盾。试想一下，如果有人让你做一件事，你答应之后，他一直站在旁边盯着你，这时，你会有什么感觉？是不是浑身不自在，很有压力？对孩子来说也是如此。把你的要求告诉孩子之后，你只需站在一旁看着他，这样既不失人性化，还能让孩子更快完成任务。如果孩子问你为什么要看着他，你可以笑笑不予理会，或者说你只是想看着他而已。大多数孩子在这种情况下都会按照规矩做事，虽然他们只是想快点摆脱家长的"纠缠"，但这已经是个好开端。只要孩子发现你并不打算离开他，就会感觉到无形的压力，从而开始服从。一个现实中的典型例子就是：当家长要孩子收拾起玩具时，孩子开始时会说"不，我还没玩够呢"！不过，当家长继续待在一旁盯着他，尽管他一脸不情愿，但还是会开始收拾，家长的目的就这样轻而易举地达到了。

第五，孩子表现好，你就夸夸他。

最后，我们可以情景再现一下这个过程，大家可以有更为清晰的理解。

蛋蛋正在房间里玩积木。妈妈进来了，语气坚定地说道："蛋蛋，请看着妈妈。"蛋蛋没有理会，还是继续玩他的积木。妈妈离他近了一点，严肃地说道："蛋蛋，刚刚叫你看着我。"蛋蛋抬起了头。妈妈直视他的眼睛，果断地说道："蛋蛋，请马上收拾你的积木，因为我们现在得出门了！"蛋蛋开始闹脾气说道："我还没有玩够呢！"妈妈没有说什么，只是继续站在一旁，盯着蛋蛋。蛋蛋感到不大对劲儿，感到一股压力，便极不情愿地开始收拾积木了。妈妈会心一笑："谢谢你把积木收起来了，妈妈很开心。"

划重点

如何给孩子定规矩？

· 一定要面对面说话，小家伙才听你的，要提醒孩子看着你。

· 态度要尊重，口气要坚定。

· 非语言交流要严肃、沉稳。

· 站在旁边看结果。

· 孩子表现好，你就夸夸他。

你是否错误地爱着孩子？

几乎每一个父母都是爱孩子的，用高尔基的话说："爱孩子，这是连母鸡都会的。"人类爱孩子是本能，可是在我所接待的来咨询的家长中，很多都在错误地爱着孩子。

有一位妈妈说，她16岁的女儿很不自信，老师反映她之所以成绩不好，就是因为不够自信，事情还没开始做，就先说"哎呀，我做不好"，连尝试都不愿意……我了解后发现，她的生活能力太差了，家长对她的照顾无微不至，鸡蛋都要给她剥好，就差喂她了。但妈妈讲起这件事情来却非常骄傲。

这位妈妈不知道，生活能力的缺乏，直接导致了她自信心的缺乏，未来对社会的适应能力也会较差。任何人的生存发展都是在生活中实现的，正是每天生活中的点点滴滴滋养着孩子，让他从幼小的生命成长为能独立于社会的人。孩子未来的各种能力发展，很大程度上取决于今天家庭给予了他怎样的实践环境。

看似简单的家务劳动，的确可以请保洁做，但如果父母和孩子一起做，对孩子的意义就不同了，其中包含了责任感、兴趣、人际合作能力的培养。自己动脑动手的历练，失败与成功的体验……是未来实现自身价值、在劳动岗位上服务社会的基本，是单纯的知识学习替代不了的。

看过一篇文章，题目是《我爱你，但并不会为你负责》。人们通常认为"为你负责"才是"我爱你"，但其实"我爱你"是我愿意为你做我力所能及的，但不为你的结果负责。所以，如果有一天，你能够对父母说一句："爸妈，从今天开始，你是你，我是我，我爱你，但不为你而活，不因你而活。"你能够对孩子说一句："宝贝，从今天以后，你是你，我是我，我爱你，但不为你负责。"你会感到前所未有的轻松。

如果每位父母都能让孩子为他自己负责，那么孩子一定能成长为阳光、有责任感的人。他不一定能出人头地，但一定能认真踏实地生活。

同济大学一位大三学生的家长找到我，说孩子重度网瘾，快要辍学了，怎么办？我问了她三个问题，说你只需回答我"是"还是"不是"。

你是不是告诉孩子，不管干什么，你得先考进名牌大学，上了大学之后你爱干啥干啥？你是不是天天抓孩子学习，除此之外，孩子啥也不用管，学习好是他唯一要做的？

你们家是不是没有什么社会活动，全部时间用来给孩子补习？

妈妈说："你怎么猜得这么准啊！十几年来，我们家和所有亲属朋友都断绝了往来，所有时间都用来带孩子四处补课！"

所以，爸爸的视野如此狭窄，孩子的生活如此单调，考上大学后当然要肆无忌惮地放纵自己。

这位妈妈爱孩子吗？当然爱。但却是错误的爱。

家庭教育要有全局观，世界在变化，社会在发展，未来需要什么样的本领，父母要帮助孩子未雨绸缪。但遗憾的是，很多父母只盯着孩子的学习，只要成绩不尽如人意，就责怪、打击孩子。同时又包揽了孩子生活中的大小事情，以为这样就是为了孩子好，却把孩子培养成了"巨婴"。那些留守儿童则更加缺爱。这些父母都不懂如何爱孩子。

12 岁以前，孩子和父母务必形成安全型依恋，这是他们成长过程中一个很重要的环节。拥有安全型依恋的孩子往往有以下特质：自信、朋友众多、成长顺利、成人后人际关系更好。而没有形成安全型依恋的孩子则容易有负面情绪和行为，如对其他人充满敌意、虐待小动物、攻击性强等等。

到了青春期，这些问题就会渐渐出现了，甚至呈井喷状态。这都是幼年时父母错误的养育方式造成的。

别再以"爱"之名，去伤害孩子。请用正确的"爱"，好好地爱孩子。

划重点

如何正确爱孩子？

·家庭教育要有全局观。

·12 岁以前，孩子和父母务必形成安全型依恋，这是他们成长过程中一个很重要的环节。

·别再以"爱"之名，去伤害孩子。

父母唠叨的危害是你想不到的

还记得《大话西游》中唠叨的唐僧吗？小妖精受不了他的唠叨，自杀了！

可见，唠叨的杀伤力巨大！

《中国教育报》曾经发表过一篇报道:《98％的母亲爱唠叨，"好心"未必有好报》。看到报道后的人异常震惊：竟然有98％的母亲都爱唠叨！

的确，唠叨已成为家庭教育中普遍存在的现象。

唠叨是非常有杀伤力的，一直被唠叨，容易被洗脑，影响身心健康，甚至威胁到生命安全。丹麦的《流行病学和公共卫生》杂志刊登过一个研究，经过对9875名男女长达11年的跟踪调查发现，常被妻子、女友、孩子甚至是邻居唠叨的男性，中年死亡的风险会加倍。因为男性大多不喜欢听唠叨。

以下是常见的几种唠叨：

第一，直升机型唠叨。这类人就像一架直升机，整天在你的上空盘旋，轰隆隆地说个没完。反复提醒你"外面不够安全，有危险"等。很多带孩子的大人，会不停地对孩子说："不要拿这个，不要碰那个。不要爬到台阶上，太高了，危险。不要捡石头，很脏。不要碰那只虫子，它会咬人……"

即便是对成年的子女，有的父母也喜欢这样唠叨："不要一个人去旅行。"这类父母整天对世界忧心忡忡，焦虑不堪，唠叨就是他们转嫁自己焦虑不安的方式。

第二，控制型唠叨。有个朋友说，婆婆的唠叨让她感觉窒息："我说要出门，婆婆就说'穿上鞋'；我刚进门，婆婆就说'赶快洗手'；我喂孩子吃饭，孩子嘴巴上有饭粒，婆婆马上说'拿纸擦擦'；钥匙或手机掉地上了，婆婆立刻说，'捡起来'。我好崩溃，这些事情难道需要她说我才会去做吗？但是她就是要说。让我觉得，她在盯着我的一举一动。有时候和老公说一句话，老公还没有回答，她就立马接下一句。我真想冲口而出：'闭嘴！'"

这就是典型的控制型唠叨，试图用语言控制别人的一举一动。

第三，挑剔型唠叨。吃饭喝汤时洒了一点，妈妈会说："不会做饭，就只知道吃，还弄得到处都是，以后有人要吗？"吃完饭，坐在沙发上玩一会儿手机，妈妈又说："坐没坐相，像什么样子。和你说了多少遍了，不要总是看手机，对眼睛不好。"

这就是怎么看你都不顺眼，连呼吸都能挑剔你。

直升机型唠叨会让自己感觉到不被信任；控制型唠叨是边界不清；挑剔型唠叨会让你一直处于被打击、否定、贬低的不舒服的状态。

除了以上说的几点负面影响，唠叨还会让孩子变得拖沓任性。

拖沓是孩子对父母催促的报复。因为催促是对孩子的不满，是对孩子的隐性攻击。但孩子能感受到，于是通过拖沓对父母进行被动攻击。任性隐藏的则是孩子不得不反抗的敌意，说明父母在与孩子的交流中，很少接受过孩子的情感，对孩子干涉过多。拖沓和任性是孩子反抗父母的软硬两种形式。

真正的教育，是宽容、宽松、宽厚的，懂教育的父母会更重视倾听，只对孩子提出原则性的建议，而不是用唠叨对孩子指手画脚。长期被唠叨的孩子，如果无处逃避，就会启动"选择性失聪"来保护自己。这样，不管你唠叨的是对还是错，对孩子都不起作用。

划重点

· 唠叨是非常有杀伤力的。

· 直升机型唠叨会让自己感觉到不被信任。

· 控制型唠叨是边界不清。

· 挑剔型唠叨会让你一直处于被打击、否定、贬低的不舒服的状态。

· 唠叨还会让孩子变得拖沓任性。

· 真正的教育，是宽容、宽松、宽厚的，懂教育的父母会更重视倾听，只对孩子提出原则性的建议，而不是用唠叨对孩子指手画脚。

隔代养育中父母不能缺位

帮子女带孩子的老人圈里流传着这样一句话："妈妈生，姥姥养，奶奶定期来欣赏。"

这句话非常形象地描述了现在部分孩子的养育状况——"隔代养育"。

隔代养育带给了我们巨大的好处：祖辈们丰富的人生阅历、养育知识和实践经验，弥补了父母的很多不足；他们充足的时间、精力和对孙辈的疼爱，解决了父母的很多难题。

但他们的付出也造成了子女的过多依赖。现在很多父母大多是我国的第一批独生子女，在成长过程中习惯了以自我为中心，对父母有很强的依赖心理，对生活的责任感和担当也不够，就容易把养育孩子的重任推给老人。他们没有认识到，父母不亲自参与育儿，只把这个重任推给老人，这种做法是有很多弊端的：不利于老人享受自己的晚年生活，妨碍老人的独立性，强化了老人的依恋心理；不利于年轻父母的心理成长，难以形成良好的亲子关系；不利于孩子的心理发展，祖辈的娇惯容易让孩子养成任性的毛病，亲情缺失容易引起孩子人格偏差，大多数老人喜欢安静，容易磨灭孩子的活力。

所以，父母不能一味把孩子丢给老人，要担负起自己的责任。因为孩子是上苍赐给我们的礼物，做父母则是天赐的自我完善机缘。我们需要做到以下这些：

第一，在孩子生命的早期，父母一定要亲自带孩子。

孩子刚出生的几个月，不管有多艰难，父母都要亲自带孩子，尽量每时每刻都和孩子在一起。宁可放弃工作，也要自己带孩子。如果需要老人帮助，就把老人请到家里，而不是把孩子送走。下班回家来要主动与孩子接触，工作再辛苦晚上也一定要和孩子睡。如果孩子和老人一起睡，对父母、孩子、老人都会带来潜在的心理伤害。

孩子稍大一点后，如果确实需要送到老人家里，父母也要保证经常去看孩子，周末尽量把孩子接回来。尽量避免与孩子长期分离，可以就近工作或带着孩子工作。曾经看过一个视频，一位从事装修的父亲带着孩子刷墙，虽然生活环境不是那么好，但起码孩子没有和父亲分开。所以，父母只要有心，总能和孩子待在一起。

无论如何安排孩子，都要用孩子能理解的方式或语言，向他说明这样安排的原因，最大限度地减少孩子的"被抛弃感"和亲情缺失对孩子造成的心理伤害。

第二，老人要把握好自己的角色，当好配角不越位。

父母和老人都要清楚这一点，养孩子的重任主要由父母承担，而不是老人。父母不能把这个重任推给老人，老人也不能从儿女手中抢夺这个权利。在教育孩子的舞台上，父母是主角，老人是配角，把孙子当儿子养，那是侵权。老人要当好帮手，该帮手的时候帮把手，该放手的时候放手，不要对儿女如何养育孙儿指手画脚。

老人们也要更新自己的育儿观念，用科学的方式育儿，积极正确地引导孩子，并提高自己的素养，做好孩子的榜样。子女要经常和老人沟通，交流育儿观念，关心老人的生活，感谢他们的付出。

如果发现老人育儿不当，要耐心和老人沟通，不随意责怪。如果隔代养育已经发生严重的偏差，或者认为对孩子的成长非常不利，父母要敢于下决心改变现状。毕竟，孩子的身心健康是最重要的！

划重点

·在孩子生命的早期，父母一定要亲自带孩子。

·老人要把握好自己的角色，当好配角不越位。

·如果发现老人育儿不当，要耐心和老人沟通，不随意责怪。

别让老师的焦虑传给你

焦虑是教师职业中常见的一种心理疾病。

教师也许可以称作最开放的工作。他得接受许多人直接或间接的检查和监督——学生、校长、教研员、学生家长、教育主管部门，以至整个社会。所有的这些人和社会团体都认为自己对教师的工作有评价的权利。对于教师应该怎么做，应该是什么样的人，他们都有自己的观念和想法。仅仅是与以上提到的这些人相处就可能让教师产生焦虑，不管是正常的焦虑还是神经过敏性焦虑。

正如教育心理学者张春兴说：有些学生问题的"病因根植于家庭，病象显现于学校，病情恶化于社会"，并非仅仅是教育失当那么简单的事。

不少家长对家庭教育认识不足，认为孩子教不好，就是你老师无能，所以现在教师的压力也非常大。

长期以来，教师总是被人为地赋予太多的社会意义，几乎已成了某种特定的社会符号。老师们也很无奈，这也是造成焦虑的其中一个原因。

一个人如果焦虑，就会向与他接触的人或让他焦虑的人施加焦虑，或者传导焦虑。另外非常重要的一点就是，老师面对一群学生，他的核心目的是维持班级纪律，让所有同学获得好成绩，所以一个老师对学生的评价就是学习成绩，除此之外，很少会有别的。如果一个孩子成绩不理想，老师就会以此找家长，分析原因，想出相应对策。

那么，老师的话到底要怎么听呢？我给您五个原则：

1. 面对孩子时，家长一定要尽量保持安详自信的精神状态，以培养孩子积极进取的心态。首先要跟孩子做一次真诚的沟通，给孩子留些自尊，不能老师批评，回家家长也批评。不能光听老师的一面之词，也要问问孩子到底是怎么回事，孩子到底是怎么想的。老师一般都会如实地将孩子的情况告诉家长，但家长如何"转达"，要动一些脑筋，不要不分情况地全部"如实"转达给孩子。家长一定要考虑自己"转达"时采用的方式及言语会对孩子造成怎样的影响，是建设性的，还是摧毁性的，对孩子是有激发作用，还是抑制作用。

2. 把对孩子学习成绩的注意力转移到其他更多的方面。孩子是敏感而脆弱的，如果老师和家长的见面，变成了让孩子蒙羞、挨训的恐怖事件，后果只能是让孩子憎恨老师，讨厌学校，让孩子在学习、自信、道德等方面失去上进心和判断力，而且最后多半会反映在学习上，影响学习成绩。比如一个孩子突然不想去上学了，就要考虑他和班里同学的关系是否出现了问题，是否受到某个老师的批评而感到委屈，是否遇到了他人的威胁等；孩子的成绩一路下滑，就要考虑自己对孩子的学习管理是否得当，观察孩子最近情绪如何，对什么感兴趣，主要和哪些人交往，是否遇到了什么打击或诱惑等，要好好和孩子沟通交流。

3. 无论你对孩子的哪方面有不满，都别迁怒于孩子，先想想自己的原因。

4. 你要对孩子说教，就想着"多说不如少说"，下边一句不是"少说不如不说"，而是"快说不如慢说，大声说不如小声说"。

5. 家长不要总想控制孩子，要允许孩子自主成长。

著名发明家爱迪生在上一年级时，成绩在班里倒数第一，一天到晚不知乱画些什么，校长和老师说他是弱智，让家长把他领回去。爱迪生的母亲领着孩子到学校，怒气冲冲找到校长和老师说:"我的孩子是天才,你们不理解他!"母亲的这点理解,使得爱迪生成为世界上最伟大的发明家。

每个孩子都是一颗树种,但不同的是,有的是白杨,有的是松柏,有的是杨柳……我们不能强求自己的杨柳树种一定要长成苍天大树,家长要做的就是在他们还是种子的时候,及时给予阳光和雨露,拔除杂草和虫害,让他顺着自己该有的模式去成长。

划重点

老师的话到底要怎么听?

· 面对孩子时,家长一定要尽量保持安详自信的精神状态,以培养孩子积极进取的心态。

· 把对孩子学习成绩的注意力转移到其他更多的方面。

· 无论你对孩子的哪方面有不满,都别迁怒于孩子,先想想自己的原因。

· 你要对孩子说教,就想着"多说不如少说"。

· 家长不要总想控制孩子,要允许孩子自主成长。

挫折教育可不是越多越好

一个人抵抗挫折的能力，叫作"逆商"。

心理学家认为，成功必须具备高智商、高情商、高逆商三个因素。在智商和情商跟别人相差不大的情况下，逆商决定着一个人是否能够成功。

逆商测试一般考察四个因素：控制、归属、延伸和忍耐。控制是指自己掌控挫折的能力；归属是指准确判断逆境发生的原因，以及愿意承担责任并改善后果；延伸是指能够正确评估挫折对工作、生活的影响；忍耐是指能够认识挫折会持续多久，以及对自己产生多久的影响。

为了提高孩子的逆商，不少家长会对孩子进行"挫折教育"，但需注意三点：

1. 家长不能袖手旁观。

锻炼孩子承受挫折的能力，并不是说家长不管不问，完全袖手旁观。比如宝宝摔倒了，让他自己爬起来，但如果他哭了，要对他进行情绪安抚。挫折教育并非忽略孩子的感受，相反，要更多地关注孩子的感受，如果他有较强烈的挫败感，就要和他沟通，如何和挫败感相处，平稳地度过心灵的低潮期。

2. 挫折并非越多越好。

虽然我们提倡挫折教育，但这种教育并非越多越好，因为挫折是一种消极的情绪体验，这种体验过多会使孩子失去自信，变得自卑和软弱，甚至导致某些心理疾病。

其实孩子的成长过程中从来都不缺少挫折，从婴儿时期的冷暖饥饿到孩童时期的学习问题，从被其他小朋友欺负到没达成自己的目标，大大小小的挫折和挫败感如影随形。家长随时都可以对孩子进行挫折教育，无须再刻意为孩子制造挫折。

3. 体育活动是很好的挫折教育。

训练、比赛的过程就像浓缩的人生，高潮与低谷、顺境与逆境、坚持或放弃，考验着孩子承受挫折的能力。体育活动还能充分锻炼孩子的竞争意识，使他们未来更容易适应弱肉强食的社会。

划重点

家长对孩子进行"挫折教育"，需注意三点：

· 家长不能袖手旁观。

· 挫折并非越多越好。

· 体育活动是很好的挫折教育。

第七部分

如何有效跟孩子沟通

父母会倾听，孩子更幸福

2016 年，有一个关于家庭教育的调查，其中有这样一个问题："你认为无法与父母顺畅沟通的最大原因是什么？"孩子不约而同地说："爸爸妈妈不认真听我们说话，有时还听不懂我们在说什么。"当孩子感受不到父母的尊重和爱，就会失去与父母沟通的欲望。

有一位妈妈对我说，孩子总是三心二意，上课的时候不认真听讲，而是跟其他孩子打闹。在家里也是一会儿弄这个，一会儿玩那个，根本无法集中注意力学习。父母说什么他也听不进去，要么扭头不听，要么直接打断她的话。

我问她："你每天有认真听孩子说话吗？"

"没听，他说的都是一些废话，要么就是一些不着边际的话。"

"孩子说些什么呢？"

"我也没认真听，说自己是大怪兽要吃人，或者说一些幼儿园的事，支支吾吾说不清楚。"

"请你回去看着孩子的眼神，认真倾听他的话，过一段时间你再看看效果怎么样？"

说孩子总是三心二意，可父母不也是三心二意吗？其实，孩子的注意力好坏，跟父母是否认真倾听他们说话息息相关。有些父母常常责备孩子不听话，却未曾反思，自己从来就没有好好听孩子说话。

"爸爸，为什么说鸡是恐龙的后代啊？"

"为什么我们不能去火星呢？"

"妈妈，为什么我不能飞，我的梦想也飞不起来？"

他们期待着你的回答，但你，要么置若罔闻，要么说自己太忙。总之，编一个理由来搪塞孩子。孩子一次次呼唤你关注他，可又一次次失望，于是他说："算了！"从此，他关闭了自己的心门。

我们常常说要尊重孩子，其实认真倾听孩子说话，就是尊重的一种方式。

那什么是不好的倾听？看下面的例子，我们就能感受到。

小明：妈妈，我简直太讨厌我们的物理老师了。

妈妈：讨厌老师干吗？中考的时候物理占 70 分呢，你不是傻吗？影响自己前途……

当孩子带着情绪和我们谈起某事时，家长听到的是"事情"，为孩子没有解决好"事情"而着急，急于指导和评判。但孩子与我们分享的是心情，父母却没有听到孩子的"心情"。这会让孩子觉得自己的感受没有被看见，自己不被父母理解，父母的反应打消了孩子进一步与你沟通的欲望。

那什么是好的倾听呢？

共情式倾听是最好的倾听。什么是共情？类似于我们常说的"感同身受"或"设身处地"地理解别人。共情式倾听是指正确解读孩子话语中传达的情感或情绪，再用自己的话描述出孩子的情绪，从而向孩子表达我们对他的理解和尊重。这是一种"积极倾听"。

共情式倾听的具体操作步骤如下：

1. 专注的态度、表情、姿势。我们要用肢体语言告诉孩子，我们对他们的话很感兴趣，例如停下正在做的事情、放下手机、转身注视着他，这是共情式倾听成功的前提。

2.倾听并推测孩子的感觉或情绪，并描述和确认这种感觉。设身处地想，假如我是孩子，我会怎么想、怎么做，有什么样的感受。推测孩子在事件中的情绪，并用合适的语言把这种情绪说出来。

3.开放式询问。在遇到事情时，家长先不要急着帮孩子出主意，先进行开放式询问，然后和孩子一起探讨答案，并讨论出哪种方法更好。

思想家卢梭说过，世上最无效的三种教育方式是讲道理、发脾气、刻意感动。共情式沟通则避免了这些。我们通过共情听见孩子，听懂孩子，使孩子愿意向我们敞开心扉。无论是倾诉还是抱怨，都是孩子对我们的信任，这是彼此建立感情、促进沟通的契机，更是加深亲子关系亲密度的良机。

划重点

·认真倾听孩子说话，是尊重孩子的一种方式。

·共情式倾听是最好的倾听。

倾听孩子需要耐心

倾听还有哪些要注意的细节呢?

1.接纳孩子的感受。

不要否认孩子的感受,不要排斥他的感觉,不要否定他的愿望,不要嘲笑他的品味,不要贬低他的主张,不要污蔑他的人格,不要怀疑他的经历。相反,所有这些,我们都要接纳。

游泳池里,8岁的婷婷拒绝跳入水中。“水太凉了。”她哭着说,“我不想下去。”父亲说:“水温正好,你觉得冷是因为你全身都湿了,而水池里的水是加热过的,下去就不冷了。你不想下去是你没有勇气。”

这就是否认孩子的感受,并把自己的感受强加在孩子身上。这是一次失败的倾听。

还有一些父母不接受孩子的负面感受。看到孩子出现负面情绪，很多父母会说："你怎么这么不懂事？"这样做，不但无法使孩子的负面情绪消失，还会让孩子感到更压抑，从而否认自己。在生活中流露出负面感受，是正常的表达，因为情感需要宣泄，并且希望第一时间宣泄，孩子更是如此。如果总是压抑，到了一定的程度，孩子更难控制自己的行为。所以不必把孩子的负面情绪想象得那么严重。

当孩子情绪不好的时候，父母更要注意自己的情绪和表达，生气、批评、训斥会使气氛变得更糟，孩子情绪变得更坏。最好先冷处理一下，先让孩子将自己的感受表达出来，然后再心平气和地与孩子沟通。生活中，有些孩子因害怕父母不能接受自己的负面情绪，即使受了委屈也不敢说，这对孩子当然是有害的。

在孩子的心中，父母是自己最贴心、最信任的人，如果父母都不能无条件地接纳他们，他们就会对他人产生不信任，从而不敢再轻易地表达自己。

2. 不随意评判孩子。

儿子小时候，喜欢告诉我他和小朋友之间的事情，有时话还没说完，我就开始指导甚至训斥他，母子俩常常弄得不欢而散。后来，儿子就不再跟我讲他和小朋友之间的故事了。

倾听其实不是一件容易的事，我们生怕孩子走弯路，所以总是迫不及待地指出孩子的不足和错误，闭上嘴巴用耳朵去听听孩子说话，对很多父母来说太难做到了。

倾听时不要有偏见。当孩子的言行和我们的期望有距离时，不要随便打断、批评和否定。或许我们还不了解事情的全部，如果现在就评价，很可能给出片面的、不公的指点，孩子也许会因此不再告诉我们所有的事实。

别用评判毁掉孩子对我们的信任。

划重点

倾听要注意哪些细节？

·接纳孩子的感受。

·不随意评判孩子。

磨破嘴皮，不如动笔交流

很多时候，父母说的话容易被孩子当成耳旁风，但如果将其变成文字，孩子就无法不注意。而且，文字更容易触动孩子的心思。

著名的翻译家和教育家傅雷，写给孩子的《傅雷家书》经久不衰，就是这个原因。

在与孩子沟通交流方面，写信是一个非常好的方法。因为人在写信的时候大多心情平静，思路清晰，"润物细无声"地就把自己想说的话传递给了对方。当孩子给你回信的时候，也能够充分并自在地表达自己，同时锻炼了文字表达能力。

所以，当你觉得面对面交流效果不太好时，当你希望自己的话能够充分引起孩子的关注时，可以用这种方法，即使你和孩子近在咫尺。

那么，怎样给孩子写信呢？

1.要有真情。真情的交流才能达到事半功倍的效果，和孩子写信不必那么多客套话，直抒胸臆，或回忆往事，或畅想未来，但最重要的是沟通你现在最想解决的问题。

2.要掌握时机。当和孩子发生矛盾时，尤其是矛盾升级时，有些话当面真的不好说出口。为了缓解矛盾，不妨给孩子写一封信。写信的时候要注意时机，不可操之过急，也不可拖延太久。因为刚刚发生矛盾就写信，孩子和你或许都还不够冷静；过了太久，孩子又看不到你的诚意。所以要把握好时机。

《朗读者》第三季中，麦家给儿子写的信让很多观众泪目。他说，青春是成长的痛，青春期的叛逆是一种正常现象。他想为青春期孩子的父母代言，让青春期孩子的父母们不必再为教育孩子发愁，更不必在心力交瘁中感到绝望。

我非常认可麦家给儿子写信的做法。让青春期的孩子做到冷静平和很难，他们有强烈的表达诉求和自主的欲望，抗拒父母再继续控制他们的一切，甚至什么事情都要叛逆，哪怕是宇宙真理。如果父母说得太多了，对他们来说也是束缚的"紧箍咒"。

少年的价值观，是在推翻父母的价值观的过程中形成的。这个时期，叛逆是他们的本能。如果父母的教育不能让他们心服口服，就会是一场两败俱伤的战争。所以，当我们与青春期的孩子面对面沟通不畅时，可以选择写信。写信，避免了面对面的冲突，孩子读信后会有充足的时间思考，哪怕一时想不通也没关系，能从字里行间感受到父母的爱也是值得的。

著名作家莫言在谈到如何教育女儿时说，他是一个不善于表达的父亲，于是经常用文字和女儿交流。作家深沉的情感通过文字表达出来，女儿理解了不善言辞的父亲。"如今，女儿有出息了，有人问我，为何能教育出这样一个既优秀又感恩的女儿？我想说的是：大爱无言，沉默也是教育，而书信是最好的方式。"

划重点

· 在与孩子沟通交流方面，写信是一个非常好的方法。

· 给孩子写信要真情实意。

· 要掌握好写信的时机。